JOSÉ LUIZ TEJON

O PODER DO INCÔMODO

USE AS INSATISFAÇÕES A SEU FAVOR E ALCANCE UMA VIDA DE REALIZAÇÕES

Gente
editora

Diretora
Rosely Boschini

Gerente Editorial
Rosângela Barbosa

Editora Assistente
Franciane Batagin Ribeiro

Assistente Editorial
Giulia Molina

Produção Gráfica
Fábio Esteves

Preparação
Laura Folgueira

Capa
Sergio Rossi

Projeto gráfico e diagramação
Vanessa Lima

Revisão
Andréa Bruno e Carolina Forin

Copyright © 2021 by José Luiz Tejon
Todos os direitos desta edição
são reservados à Editora Gente.
Rua Original, 141/143 – Sumarezinho
São Paulo, SP – CEP 05435-050
Telefone: (11) 3670-2500
Site: www.editoragente.com.br
E-mail: gente@editoragente.com.br

Este livro foi impresso
pela Gráfica Rettec
em papel pólen bold 70 g
em fevereiro de 2021.

Todas as citações bíblicas foram padronizadas de acordo com a
Bíblia King James, disponível em http://www.bkjfiel.com.br/bible.

Dados Internacionais de Catalogação na Publicação (CIP)
Angélica Ilacqua CRB-8/7057

Tejon Megido, José Luiz, 1952-
 O poder do incômodo: use as insatisfações a seu favor e alcance uma vida de realizações / José Luiz Tejon Megido. – São Paulo: Editora Gente, 2021.
 240 p.

ISBN 978-65-5544-077-5

1. Desenvolvimento pessoal 2. Autorrealização 3. Sucesso I. Título

21-0117 CDD 158.1

Índice para catálogo sistemático:
1. Desenvolvimento pessoal

NOTA DA PUBLISHER

Lançar mais um livro do José Luiz Tejon é sempre uma honra, não só pela grandeza de suas palavras mas também por ele nos guiar pelas mãos em um mergulho nas profundezas do ser humano.

Em *O poder do incômodo*, o leitor encontra um grande ensinamento: nós somos movidos pelas inquietações, dificuldades e obstáculos que estão em nosso caminho. O ato de se incomodar é necessário para aqueles que querem sonhar e se transformar, e, aqui, neste livro, você aprenderá como utilizar esse sentimento para sair da sua zona de conforto e atingir uma vida de realização e felicidade.

Com palavras inspiradoras, Tejon nos ensina a encararmos sem medo esses sentimentos tão intrínsecos à vida e, por meio de seu método e de suas reflexões, nos mostra como podemos utilizar os incômodos a nosso favor. Ele nos impulsiona a sairmos da "mornalidade".

Tejon e eu somos irmãos de alma e estamos juntos nessa jornada do desenvolvimento humano há alguns anos, e posso afirmar com toda a certeza que o incômodo que você sentirá durante a leitura o fará transcender para uma nova etapa do seu desenvolvimento. É um imenso prazer poder publicar um livro tão importante e que com certeza será mais um best-seller do autor. Assim, deixo aqui uma provocação para você, caro leitor: desejo que se incomode muito e sempre – no bom sentido, claro –, porque é só assim que vamos mudar o mundo e a nossa realidade!

Boa leitura.

ROSELY BOSCHINI – CEO e publisher da Editora Gente

CARO LEITOR,
Queremos saber sua opinião sobre nossos livros.
Após a leitura, curta-nos no facebook.com/editoragentebr,
siga-nos no Twitter @EditoraGente e
no Instagram @editoragente e visite-nos
no site www.editoragente.com.br.
Cadastre-se e contribua com sugestões, críticas ou elogios.

DEDICATÓRIA

A TODOS OS SERES HUMANOS QUE, COM SUAS VIDAS, SE INCOMODARAM E NOS INCOMODARAM PARA QUE O MOVIMENTO DA EVOLUÇÃO NÃO PARASSE.

AGRADECIMENTOS

Ao professor Marco Antonio Villa, pelo prefácio, com admiração, pois não pode haver maior prova do poder do incômodo do que a corajosa arte jornalística desse mestre.

A Paulo Dimas Mascaretti, desembargador, ex-presidente do Tribunal de Justiça do Estado de São Paulo e da Secretaria da Justiça e Cidadania, pelo posfácio. Um ser humano a quem vejo nos mais elevados postos da justiça do país, eticamente incomodado com a dignidade dos valores ascensionais humanos.

A Rosângela Barbosa, minha chefe na edição.

A Rosely Boschini, desde sempre minha editora mestra.

A Roberto Shinyashiki, amigo para sempre e inspirador presente.

A Ricardo Shinyashiki, a inspiração do livro *Guerreiros não nascem prontos* e que me trouxe a *O poder do incômodo*.

A João Correia Filho, pela leitura crítica.

A Marie Lissette Canavesi Rimbaud (UDE Uruguay), minha orientadora no doutorado que me trouxe para "a Pedagogia da Superação".

A Ana Claudia Barreto (UDE Uruguay), orientadora adjunta que me fez superar as dificuldades da escrita de uma tese de doutorado cujo saber se espalha neste livro.

A Sol Martins (Líder Rotary), pela medalha Paul Harris que me conferiu.

A Jaime Basso, líder cooperativista Sicredi que me tem permitido o exercício real do cooperativismo.

A Roberto Rodrigues, ex-ministro da Agricultura; Marcello Brito, presidente da ABAG; Fernando Penteado Cardoso, presidente da Agrisus; Ney Bittencourt de Araujo (*in memoriam*), Shunji Nishimura (*in memoriam*), Nuno Ferreira de Sousa (*in memoriam*), Chikao Nishimura, José Carlos Gonçalves e João Donato, pela coragem e inspirações na minha vida profissional.

Ao professor doutor Marcos Cobra, pela ética da profissão de marketing.

A Livio Tragtenberg, extraordinário músico e compositor, pela aula das doze notas neste livro.

A Maria da Conceição Guimarães, cujo depoimento sobre o poder do incômodo está no último capítulo deste livro.

A Desi Schmitt, uma descoberta de um ser maravilhoso que me levou ao campus da Audencia, em Nantes, na França.

A Edmea Sanchez, minha eterna amiga e administradora TCAI.

A Ana Purchio, pelo carinho da revisão deste livro.

Ao time da Biomarketing, TCAI e Fecap.

A Adriana Bandeira de Mello, minha esposa, que acompanhou toda a jornada deste livro.

À psicanalista Ruth Garcia dos Santos, por marcos teóricos significativos.

Às amizades sinceras, às novas gerações pós-covid-19, aos meus amores percebidos e aos desconhecidos, à minha família, filhos, netos, Ale, Anna, à nova Aurora e à Giovanna, que me adotou como padrinho.

SUMÁRIO

10   **PREFÁCIO** Dr. Marco Antonio Villa

14   **INTRODUÇÃO** A obra-prima do amor

19   **CAPÍTULO 1** Felicidade é aperfeiçoar as imperfeições

25   **CAPÍTULO 2** Quanto maiores os incômodos, maior serei. Mas cuidado: não perca o foco

35   **CAPÍTULO 3** Incerteza e imperfeição, necessárias para quem vive neste nosso mundão

45   **CAPÍTULO 4** Uma vida morna, o reino dos indiferentes

59   **CAPÍTULO 5** Por que vivemos assim?

73   **CAPÍTULO 6** Os incômodos são as alavancas para as transformações que você quer ou de que precisa

93   **CAPÍTULO 7** Coragem, o começo de tudo

99   **CAPÍTULO 8** Confiança

105   **CAPÍTULO 9** Cooperação

113	**CAPÍTULO 10**	Criação
123	**CAPÍTULO 11**	Consciência
137	**CAPÍTULO 12**	Conquista
149	**CAPÍTULO 13**	Correção
157	**CAPÍTULO 14**	Caráter
163	**CAPÍTULO 15**	A Pedagogia da Superação
189	**CAPÍTULO 16**	A vitória das realizações
197	**CAPÍTULO 17**	Como criar realizações vitoriosas
219	**CAPÍTULO 18**	O incômodo é genial
225	**CAPÍTULO 19**	Da dona Zeta à Conceição: diretora de uma grande multinacional
230	**CONCLUSÃO**	O dia em que ser um rosto igual na multidão me incomodou profundamente
234	**POSFÁCIO**	Dr. Paulo Dimas Mascaretti
239	**REFERÊNCIAS BIBLIOGRÁFICAS**	

PREFÁCIO

A quase totalidade dos livros que li, leio e lerei – dando uma de Júlio César dos livros – é sobre História, focando especialmente a política como prática e pensamento. Vez ou outra, procuro a literatura para me deliciar – aí a escolha é com muito prazer, não por obrigação de ofício. Conheço novos autores, releio os clássicos, aprendo até – mas não só – a melhorar o estilo. É sempre um enorme prazer, mas que traz uma espécie de maldição: nunca poderei ler todos os livros que deveria. Fazer o quê? Tentar, ao menos, ir enganando o tempo, lendo rapidamente tudo o que quero e fingindo que o meu relógio parou. Falo com os amigos que tivemos na locução esportiva um filósofo pré-socrático, um Heráclito do rádio, o grande Fiori Gigliotti. Ele dizia em toda transmissão, geralmente na parte final do jogo, para meu desespero, especialmente quando o meu time estava perdendo ou obtendo uma vitória suada: "O tempo passa!". Realmente, o tempo passa. É uma espécie de fragmento pré-socrático.

Digo isso porque ao ler o belo livro do amigo José Luiz Tejon fui recordando momentos da minha vida e, claro, da história do Brasil, da que vivi e daquela que li e estudei. O amigo é um exemplo do brasileiro. Não comungo da ideia absurda e muito distante da realidade de que o brasileiro é preguiçoso, pouco inventivo, acomodado. Como se fosse um eterno Jeca Tatu. Não custa recordar que o brilhante Monteiro Lobato (exemplo de empreendedor) acabou mudando de ideia sobre o personagem que criou e que foi motivo, pouco após a publicação do livro, de ser mencionado e comentado em um célebre discurso de Ruy Barbosa na sua última campanha presidencial, em 1919. O nosso povo tem defeitos, como outros, mas tem, inegavelmente, muito mais qualidades. É trabalhador, determinado, "dá nó em pingo d'água", inventivo, criativo, perseverante.

Não desanima. Sonha sempre com um mundo melhor. Mas não só sonha, age. Em um dos meus livros, conto a saga – saga sim – que foi a grande migração nordestina para São Paulo. Uma história de coragem, de determinação, de construção de um mundo melhor. Entre o fim da Segunda Guerra Mundial e o fim dos anos 1970, foi o maior deslocamento populacional do mundo ocidental. E o Brasil associou-se aos milhares e milhares e construímos uma grande economia. Fomos, durante cinquenta anos do século XX, a economia que mais cresceu no mundo ocidental. Aquilo que poderia ter gerado uma enorme explosão social acabou produzindo uma das maiores economias do mundo.

Essa determinação é apresentada pelo amigo Tejon. Fala da sua vida, conta a história de vários empreendedores e sempre busca alicerçar suas reflexões no conhecimento – este mesmo conhecimento tão desprezado nos tempos contemporâneos dominado pelos rastaqueras – acumulado pelas várias civilizações. Ou seja, insere o nosso país no mundo global e acaba se transformando em um modernista de 1922 produzindo uma espécie de antropofagia cultural.

Digo que, após terminar a leitura, saí melhor do que entrei. Isto é, aprendi muito. Mesmo quando – será? – o autor considerou que escreveu algo banal, corriqueiro. Tejon conseguiu combinar, e não é tarefa fácil, o particular – sua história de vida – com o geral – a sociedade, o mundo e suas culturas. E as citações se associaram ao seu texto de forma natural, complementando um pensamento, uma história, um momento da sua vida.

Tenho absoluta certeza de que o leitor vai saborear este livro com imenso prazer. E vai exigir – exigir sim! – uma parte dois, um segundo volume a partir de novas experiências que este livro vai propiciar ao autor e seus leitores. Especialmente porque sairemos desta situação dramática que vivemos. E não será a primeira vez. A nossa história tem excelentes exemplos de superação nacional. E com a vacinação em massa – somos o país que mais vacina na Terra – e a criação de um sistema permanente de acompanhamento da saúde pública e o fortalecimento do SUS – o maior sistema público de saúde do mundo! Também vamos rever os nossos laços de sociabilidade, passaremos necessariamente pelo modelo econômico e o nosso posicionamento no mundo

Prof. Dr. Marco Antonio Villa

INTRODUÇÃO

A obra-prima do amor

> "SE NÃO FIZERES ADVIR O QUE ESTÁ EM TI, FARÁS ADVIR O QUE TE SALVARÁ. SE NÃO FIZERES ADVIR O QUE ESTÁ EM TI, O QUE NÃO TERÁS FEITO ADVIR TE MATARÁ."
>
> Emmanuel Carrère

Às vezes, algo nos dá um clique. Sem sabermos bem de onde vem nem como, pinta um incômodo. No mesmo sentido da frase ao lado, existem outras bem mais famosas, como a do filósofo Friedrich Nietzsche: "O que não nos mata nos fortalece",[1] ou a de Friedrich Hölderlin, outro notável pensador: "Ali onde medra o perigo, medra também o que salva".[2] Assim, bem-vindos todos os incômodos e seus poderes.

Aliás, você já sentiu amor à primeira vista? Que poderoso incômodo, não? E se lembra de quando foi despertado para o que tinha que ser feito na vida? Esse momento foi o "clique", como um beliscão mental. Ninguém fica o mesmo a partir desse "clique" dos incômodos. Vamos a eles.

A vida morna não me serve. O mundo me incomoda demais para aceitar a "mornalidade" – a ilusão da "normalidade" perene, o estado em que nada mudaria, muito menos seríamos mutantes. Ao lermos as teorias de evolução das espécies de Darwin, podemos chegar à conclusão de que os que prevalecem são aqueles que se adaptam em altíssima velocidade às mudanças.

Tive a felicidade de conviver, na Agroceres (empresa líder no agronegócio brasileiro), com pesquisadores geneticistas nas áreas vegetal e animal. E eles costumam dizer que a "natureza é muito lenta", e que os vegetais e os animais adaptados a novas circunstâncias dadas são os que sobrevivem. Muitos até associam inteligência à nossa capacidade de adaptação. Porém, comecei a observar uma significativa diferença quando olhamos para seres humanos.

---

1 NIETZSCHE, Friedrich. **Pensador.** Disponível em: https://www.pensador.com/frase/NDg4NDI3/. Acesso em: 18 jan. 2021.
2 JUNGES, M.; MACHADO R. O Hipérion como chave para a poética de Hölderlin. **IHU On-line.** 19 out. 2015. Disponível em: http://www.ihuonline.unisinos.br/artigo/6197-marcia-schuback. Acesso em: 18 jan. 2021.

Temos, sim, uma enorme capacidade de adaptação. Basta ver como tantos dos mais de 7 bilhões de seres humanos no planeta vivem em condições sofríveis de pobreza e miséria. Adaptamo-nos em campos de concentração, penitenciárias, hospitais, em organizações com péssimas lideranças. No entanto, há um aspecto importantíssimo entre os humanos. Diante do incômodo, iniciamos um processo de adaptação ao meio, é certo, mas os que realmente superam essa condição não são aqueles que apenas se adaptam. Quem supera e transforma incômodos numa alavanca de prosperidade, felicidade e dignidade é que transforma a realidade.

Plantas e animais não têm a capacidade de alterar as realidades que lhes são oferecidas. Se uma alteração climática mudou o regime de chuvas e o clima se tornou mais seco, a planta que sobreviverá será aquela que aprender a suportar e desenvolver uma maior resistência ao déficit hídrico. Mas ela não terá condições de criar sistemas próprios de irrigação para suprir a nova condição determinada pela natureza. O ser humano sim. Primeiro nos adaptamos, pois sem isso não suportamos a mudança, mas logo em seguida começamos a criar e a alterar a realidade a nossa volta.

Por isso, vidas mornas não cumprem a missão maior que separa a espécie humana das demais. Além de nos adaptarmos em velocidade, iniciamos um processo de transformação do mundo. Tentativa e erro, num grande aprendizado ao longo do processo de aperfeiçoamento das realidades incomodantes e imperfeitas. Claro, muitos sistemas criados para aperfeiçoar a vida em sociedade podem não resultar no melhor caminho, como mostram as experiências das ditaduras e de empresas que trocam as decisões de longo prazo pelos interesses oportunistas de curto prazo. Por outro lado, experiências ligadas ao cooperativismo bem liderado e a democracias com investimentos competentes em educação, ciência e saúde humana e ambiental revelam muito mais resiliência e preparo para superar aquilo que nunca deixará de existir: mudança, incerteza e fatores incontroláveis. Dessa forma, este livro é feito para incomodar todos os que vivem a vida morna.

Quem supera e transforma incômodos numa alavanca de prosperidade, felicidade e dignidade é que transforma a realidade.

Num dos meus mergulhos para me dedicar à escrita, estive em Tel Megiddo, Israel, o local do Apocalipse, o Armagedom.[3] Ali, escrevi parte do meu livro *O código da superação* (Editora Gente). Há mais de 8 mil anos, houve no local destruição e reconstrução 27 vezes, e o código de todas as superações estava no grande significado da palavra "amor". Uma inscrição em Tel Megiddo dizia: "*Peace will prevail*" – a paz prevalecerá. E na Bíblia, no Apocalipse 3:16, está o registro forte, agressivo e furioso de Deus que esbraveja: "Então, como tu és morno; e nem frio, nem quente, vomitar-te-ei da minha boca".

Então, aos mornos, vamos com o sentido maior do amor, o código de todas as superações: quem ama não espera o perfeito, pois perfeição não existe. Quem ama aperfeiçoa imperfeitos, a imperfeição, e, ao ver assim o mundo, logo compreende que, sem o autoaperfeiçoamento, não conseguirá superar nenhum obstáculo ao redor. Portanto, "mornos", venham, vamos aquecê-los.

E quanto aos que já estão quentes, vamos ver como aceleramos o progresso que os incômodos nos trouxeram.

Mas e os frios? São os revoltados, furiosos. São os que odeiam os incômodos e imaginam ser possível destruir a causa daquilo que os incomoda. São os que xingam o mundo. Acusam e criam inimigos à sua volta. Estão sempre com o dedo indicador apontado para algum alvo responsável pelo que acontece em suas vidas. Têm tônus vital e se rebelam contra tudo e contra todos. Querem brigar. Sentem fortíssimas emoções.

---

[3] O local onde, segundo a Bíblia (Apocalipse, 16:14-16), haverá a batalha final entre as forças do bem, ou seja, de Deus, e as do mal, ou seja, de Satanás.

Pois, então, a partir de agora, vamos ver como canalizar essa gana, essa fúria, não pelas vertentes do mal, mas pelos canais do bem.

Vamos nos entregar ao poder do incômodo, à felicidade da compreensão de um mundo imperfeito, onde a maior de todas as nossas motivações está exatamente na possibilidade do aperfeiçoamento de tudo o que nos envolve na Terra. Inclusive, e principalmente, a nós mesmos.

Quem ama aperfeiçoa imperfeitos, a imperfeição, e, ao ver assim o mundo, logo compreende que, sem o autoaperfeiçoamento, não conseguirá superar nenhum obstáculo ao redor. Portanto, "mornos", venham, vamos aquecê-los.

CAPÍTULO 1

Felicidade é aperfeiçoar as imperfeições

"NÃO TENHAS VERGONHA
DA TUA CARA, TENHAS
VERGONHA NA CARA."

Antonio Alves, meu pai adotivo

"Tudo seria fácil não fossem as dificuldades",[4] escreveu o Barão de Itararé, gaúcho chargista genial. Não importa onde estamos, o que fazemos, onde nascemos. A vida sempre nos incomodará. Isso é ótimo sinal. Se você sente incômodos, significa que está vivo. Existem, por exemplo, palavras que incomodam mais do que fatos e atos, palavras que calam fundo na nossa alma, palavras que não nos deixam ser mornos.

Aprendi, logo cedo, graças ao destino, a enfrentar incômodos. Eu tinha não mais do que 10 anos e precisava superar um rosto destruído por uma queimadura. E escutava a frase que abre este capítulo diariamente do meu velho pai adotivo, que me incomodava para que eu não desistisse da vida, para que não ficasse morno.

Muitos anos depois, já considerado um exemplo de sucesso profissional e pessoal, ouvi uma voz muito forte gritando dentro de mim quando estava à beira de uma fonte de água limpa do Pueblo de Cuerigo, em Astúrias, no norte da Espanha. Ali, onde ancestrais caminharam, cantaram, rezaram, sofreram, fizeram sofrer e foram felizes, ouvi: "Nunca duvide do seu destino, e é proibido ter medo".

O incômodo faz parte do viver, e muitas outras coisas nos incomodam. Há palavras, como as máximas cristãs, que trazem um brutal e gigantesco incômodo: "Que vos ameis uns aos outros", "Não faça aos outros o que não queres que façam a ti". Já pensou quão perturbadoras e incômodas são essas duas frases? Certamente, ao pronunciá-las e senti-las dentro, nos movimentamos. Mesmo em meio a uma das maiores crises da história humana, a pandemia de covid-19, conseguimos ver cristãos acusando cristãos, proliferação de raiva e ódio,

---

[4] ITARARÉ, Barão de. **Pensador.** Disponível em: https://www.pensador.com/frase/NTIzMjMx/. Acesso em: 18 jan. 2021.

perseguições e difamações. Esses não são os quentes das forças sintrópicas e criadoras, mas os frios revoltados.

No Alcorão, da mesma forma, esta frase de Maomé nos impediria de sermos "mornos", indiferentes e acomodados e também nos elevaria para atos do bem: "Aquele que fizer um bem, quer seja do peso de um átomo, vê-lo-á; e aquele que fizer um mal, quer seja do peso de um átomo, vê-lo-á".

A Torá, livro sagrado do judaísmo, reforça a sabedoria dos atos e não da omissão: "Se eu te amar por medo do inferno, atire-me nele! Se eu te amar por querer o paraíso, exclua-me dele! Mas se eu te amar pelo que tu és eterno, não esconda de mim a tua face".

As chamadas zonas de conforto, as "mornalidades", são alvos não só dessas, mas de todas as filosofias e religiões. Buda registrou: "Em nossas vidas a mudança é inevitável. A perda é inevitável. A felicidade reside na nossa adaptabilidade em sobreviver a tudo de ruim". Alan Kardec, no espiritismo, diz: "O espírito deve sofrer não apenas pelo mal que praticou, mas por todo bem que poderia, mas deixou de praticar, durante toda sua vida".

Saindo do âmbito da religião, Domenico de Masi, sociólogo italiano, diz que o ócio criativo é o lugar onde você trabalha com paixão e amor, onde estuda profundamente e onde se diverte muito. Quer dizer, de novo, onde você atua como protagonista, e não como vítima. E para meus amigos do marketing, propaganda e vendas, cai bem a máxima de um dos maiores publicitários do mundo, David Ogilvy: "Se não vende, é porque não é criativo".

Bem-vindos ao mundo do engajamento nos atos: responsabilização *versus* indiferença e vitimização.

Em todos os livros sagrados, vemos as forças do bem vencendo as malignas, assim como em outros tantos livros da sabedoria humana. Se fôssemos sintetizar uma máxima de todas as máximas dos livros sagrados, algo que sintetizasse os livros divinos, ela deveria começar proibindo usar uma religião contra a outra, e até usar uma religião contra seus membros. São incômodos que nos atingem

CAPÍTULO 1 FELICIDADE É APERFEIÇOAR AS IMPERFEIÇÕES

principalmente em meio a graves conflitos, aqueles que chamo de incômodos entrópicos, que vou explicar mais adiante.

Há ainda os grandes incômodos mesmo, como o de quando minha editora me pediu que fechasse esta obra e não atrasasse mais nenhum dia. Vamos atingindo 103 milhões[5] de casos de infecção por covid-19 na Terra e mais de 2 milhões[6] de mortes "contabilizadas". Que incômodo entrópico, apocalíptico! Impossível ficar morno diante disso. Entretanto, o abandono de si mesmo prolifera, a depressão e o desânimo ficam evidentes. Para nascer a nova realidade, grande parte da antiga desaparecerá – é exatamente esse o poder do incômodo, o clique da superação.

A esperança está na ciência. Na vacina. E um dos resultados dos grandes incômodos é a cooperação. Os quentes trazem soluções criadoras e sintrópicas. Milhares de cientistas colaborando entre si. Exemplos dignos do orgulho humanista podemos encontrar na imensa maioria das pessoas e em sua solidariedade. O mundo será, sim, muito melhor, apesar de alguns negarem isso, pois o ser humano se adapta a novas realidades; como já dito, altera sua realidade.

O mundo é imperfeito, e a saga humana na Terra é a luta pelo seu aperfeiçoamento. Por isso, não pararemos nunca. E, da mesma forma, a luta sempre será obrigatória e permanente. Ao percebermos isso, ficamos imensamente felizes, é fato. Paramos de esperar o perfeito. Motivamo-nos a transformar os imperfeitos em aperfeiçoados. Viver a vida acreditando estar dentro de um caldeirão em "banho-maria" é ilusão tola: a água aquece aos poucos e não percebemos.

Deus nos deu de presente o prazer de aperfeiçoar sua obra, e sempre faremos isso. Então, quando se perguntar o que será do futuro, saiba que a resposta é simples: será o que fizermos dele. "Não duvide do seu destino, e é proibido ter medo", disse-me a voz de Cuerigo, na Espanha.

---

[5] CASOS DE covid-19 no mundo hoje. Google. Disponível em: https://www.google.com/search?q=casos+de+convid+19+no+mundo+hoje&rlz=1C1GCEA_enBR783BR783&oq=casos+de+convid+19+no+mundo+hoje&aqs=chrome..69i57j0i13j0i22i30.9326j1j15&sourceid=chrome&ie=UTF-8. Acesso em: 1 fev. 2021.

[6] *Ibidem.*

O PODER DO INCÔMODO

Para nascer a nova realidade, grande parte da antiga desaparecerá – é exatamente esse o poder do incômodo, o clique da superação.

Bem-vindos todos ao mundo, ao nosso planetinha, pois ele não para. Não é nada morno, muito ao contrário, ou é gelado e frio nos vãos do Universo ou quentíssimo nos fogos estelares ou núcleos planetários.

A Terra está girando agora a cerca de 1.700 quilômetros por hora em torno de si mesma. E fica dando voltas em torno do Sol a mais de 107 mil quilômetros por hora. E esse Sol, mesmo nosso sistema solar sendo minúsculo e invisível num ponto da nossa galáxia, anda numa velocidade de 900 mil quilômetros por hora. Nada para, adormece ou fica "mornal" no Universo: a linda Via Láctea está viajando a 2,3 milhões de quilômetros por hora, algo como 600 quilômetros por segundo. E olha só o incômodo: os cientistas dizem que vamos nos fundir com nossa irmã Andrômeda, outra galáxia, e ficar bem maiores.

Tudo isso me traz ao exemplo de um jovem que tinha tudo para ser "morno", ausente, indiferente. Ou talvez um "frio" agressivo, revoltado. Mas não o foi. Fez daquilo que seria o seu incômodo – um daqueles incômodos não inventados ou imaginados, mas real – um delicioso programa de estudos e ações. Esse jovem é Bruno Xavier, filho de um grande amigo meu, Coriolano Xavier, que ensina astronomia para surdos no canal "Astronomia em Libras" no YouTube. A iniciativa veio exatamente do maior incômodo de Bruno: sua deficiência auditiva. Ele transformou uma deficiência em uma bruta eficiência! Felicidade é aperfeiçoar as imperfeições.

Afinal, enquanto pensamos sobre os tantos incômodos do cosmos, precisamos nos lembrar de que estamos voando juntos nesse Universo.

CAPÍTULO 2

Quanto maiores os
incômodos, maior serei.
Mas cuidado:
não perca o foco

"A DESCOBERTA DO SENTIDO ESTÁ LIGADA AOS PROJETOS CRIADOS, ÀS METAS ESTABELECIDAS, AOS OBJETIVOS TRAÇADOS PARA UMA VIDA MELHOR. PORÉM NÃO SE DEVE TER COMO SENTIDO A FELICIDADE, POIS O PRAZER NUNCA É A FINALIDADE ÚLTIMA DA ATIVIDADE HUMANA, MAS SIM, E DEVE CONTINUAR SENDO, UM EFEITO COLATERAL DA CONSECUÇÃO DE UMA META. REALIZAR UM OBJETIVO CONSTITUI UMA RAZÃO PARA SER FELIZ. ASSIM SENDO, A FELICIDADE SE APRESENTA AUTOMÁTICA E ESPONTANEAMENTE."

Viktor Frankl

2

Antoine Saint-Exupéry disse: "Nenhum livro nos ensinará mais do que a Terra, pois ela resiste a nós. Um homem terá seu tamanho revelado pela altura dos obstáculos que ultrapassar". Por minha vez, digo que a síntese única deste livro é afirmar que cada um de nós será maior do que os incômodos que superar.

Nunca poderia imaginar que estaria escrevendo parte dele exatamente durante um dos maiores incômodos da história humana: a pandemia de covid-19, que nos entocou em nossas casas, isolados, modificando nossa relação com o trabalho, tornando tudo virtual e trazendo à tona diversos outros incômodos. Em 2020, a Terra se estranhou, e nada será como antes a partir de 2021. Para mim, o século XX acaba em 2020, e o XXI começa em 2021.

Será que vou dar aulas presenciais em 2021? E as empresas, como estarão depois de tudo isso? Será que, como em anos anteriores, teremos alunos de outros países nos cursos em que dou aula na Fundação Escola de Comércio Álvares Penteado (Fecap), em São Paulo? Teremos doravante o livre-arbítrio? Quem quer ir *versus* quem quer ficar em casa? Um nanovírus, praticamente invisível, originado num mercado de alimentos em Wuhan, na China, se espraia, e aqui estamos, tendo o desafio de presenciar e superar um daqueles incômodos que batizei, antes da sua chegada, de "incômodo entrópico – modelo apocalíptico".

Mas, aqui dentro do olho desse furacão, todos movidos e comovidos por um gigantesco e poderoso incômodo, a doença, é importante observar o quanto de outros incômodos paralelos são desenvolvidos e criados pelas pessoas. Brigas domésticas explodem e ocasionam o aumento, por exemplo, de agressão às mulheres em casa. Crescem os incômodos de síndrome de vítimas, causados por uma ausência de autorresponsabilidade, quando olhamos para nós mesmos como vítimas do mundo. Vemos a caça a culpados, uns contra os outros.

Da mesma forma, aparecem os incômodos do tipo "murro em ponta de faca". Quer dizer, mesmo durante uma megacrise como a causada pelo novo coronavírus, que exige ciência, racionalidade e um grande foco no gigantesco desafio, muitos líderes continuaram batendo em questões ideológicas seculares, como a de esquerda *versus* direita.

Nesse sentido, podemos aproveitar deste livro, que não nasceu por causa do novo coronavírus, mas que foi atropelado por ele, reflexões riquíssimas e uma síntese do aprendizado daquilo que nos incomoda e logo nos transforma.

Para isso, usaremos o acrônimo S.H.O.W. Em inglês, o **S** significa *science* – ciência, em português. É por isso que o mundo espera ansioso. E certamente vamos ver uma mudança significativa no valor da ciência pós-coronavírus.

O **H**, em inglês, é *humanity* – humanidade, em português. Assistimos a imensas ações de solidariedade pelo mundo. No pós-coronavírus, nos incomodaremos muito mais com as cerca de 8 mil crianças que morrem de fome todo dia tendo vacina para isso: comida.

O **O**, em inglês, é *overcome* – superação, em português. E superar significará cada vez mais ter coragem para enfrentar o mundo imperfeito. Aceitando o Universo com seus problemas e nossa vida na Terra repleta de imperfeições, ficamos logo motivados e temos a missão de seu aperfeiçoamento e do nosso próprio. O **W** quer dizer *warrior* – guerreiro, em português. A vida sempre exigiu a luta pela vida. E o

A vida sempre exigiu a luta pela vida. E o sábio guerreiro é aquele que logo cedo aprendeu que guerras não são vencidas só lutando.

sábio guerreiro é aquele que logo cedo aprendeu que guerras não são vencidas só lutando, mas compreende a estratégia da cooperação. Como dizia o título do meu último livro, *Guerreiros não nascem prontos*.

Os incômodos têm o poder de promover em nós a mudança de todas as mudanças. Vamos mudar e vamos superar, com a alegria na alma. E como cruzar pragmaticamente todas as brutais jornadas incômodas de nossa vida na Terra? A utopia é a completa e total felicidade e harmonia entre as pessoas, o sonho; a esperança, a legítima possibilidade de vir a ser.

Penso que a liderança é vital. Sem o cajado com a direção, o resgate, o enfrentamento dos predadores e a pausa da meditação, não conseguimos. Portanto, nunca podemos esquecer (e relembrarei ao longo deste livro): a superação exige a boa liderança e não prospera a má ou a sua ausência.

O incômodo dos incômodos? O Universo é imperfeito – pelo menos como na nossa imaginação concebemos a perfeição. Enquanto escrevo este livro, vem a notícia: "Astrônomos detectam a maior explosão do Universo desde o Big Bang. Aconteceu no centro de um aglomerado de galáxias, a cerca de 300 milhões de anos-luz de distância. O registro é cinco vezes maior do que o recorde anterior".[7] Os astrônomos informavam que a explosão foi tão grande que gerou uma cratera do tamanho de quinze Vias Lácteas. O que tiro daí é que somos um e vivemos num Universo profundamente incômodo, que se explode para se criar e recriar.

No mesmo dia, no mesmo jornal, a notícia: "Pesquisadores brasileiros sequenciam genoma do coronavírus identificado no país"[8] – o incômodo da natureza, que se transforma, é mutante e se funde inventando novas

---

[7] AP. Astrônomos detectam a maior explosão do universo desde o Big Bang. **O Estado de S. Paulo**, São Paulo, 28 fev. 2020. Disponível em: https://ciencia.estadao.com.br/noticias/geral,astronomos-detectam-a-maior-explosao-do-universo-desde-o-big-bang,70003214477. Acesso em: 2 jan. 2021.

[8] GIRARDI, Giovana. Pesquisadores brasileiros sequenciam genoma do coronavírus identificado no país. **O Estado de S. Paulo**, São Paulo, 28 fev. 2020. Disponível em: https://saude.estadao.com.br/noticias/geral,pesquisadores-brasileiros-sequenciam--genoma-do-coronavirus-identificado-no-pais, 70003214162#:~:text=SÃO%20PAULO%20-%20Em%20apenas%2048,o%20coronavírus%20em%20tempo%20real. Acesso em: 2 jan. 2021.

formas de prosseguir na sua fúria genética. No mundo imperfeito, a propagação dos incômodos não segue uma ordenação harmônica e confortável. Ao contrário. Portanto, estamos diante de um mundo com riscos e imperfeições sequenciais a todos os instantes.

No entanto, dentro desse universo infinito, cultivamos também os oásis de progressos evolutivos. Podemos nos voltar para o íntimo do íntimo, as coisas maravilhosas em que as quarentenas obrigatórias nos fizeram remergulhar e cavoucar lá no fundo, ainda não de todo esquecido.

Fomos longe até aqui, leitoras e leitores amigos. Viajamos pelas profundezas do Universo.

Tamara Angel, uma espetacular "The Voice", gravou minha música "Limites". E já prepara a gravação de "o caminho, The Road", (... caminho pra seguir, caminho pra escolher; de coração aberto, mesmo que tudo seja incerto, eu espero o céu me responder... se o brilho das estrelas é o mesmo entre eu e você!"). Está nascendo junto com este livro.

A todo tempo, continuamos sendo empurrados, incomodados e perseguimos as pequenas coisas do dia a dia. Alguém me deixa uma mensagem de voz triste, porque não passou no exame Toefl para a bolsa do mestrado. Outro amigo reclama que não tem sido valorizado no seu trabalho. E logo, logo, voltamos a mexer e ser mexidos pelos pequenos incômodos do dia a dia – embora sejam das grandes notícias e dos eventos importantes que possamos extrair universais lições de valores eternos.

Por exemplo, o almoço mais feliz da minha vida! Eu tinha uns 11 anos, e meu pai adotivo me levou para conhecer o Rio de Janeiro. Sempre com dificuldades financeiras, ficamos hospedados na casa de uma tia. De manhã, fomos visitar o Cristo Redentor. A visão da cidade mais linda do mundo. Ao descermos, ele me perguntou: "Estás com fome?". Respondi que sim, mas, como nunca na vida meu pai teve dinheiro para um restaurante, pensei: aonde será que vamos?

Entramos em uma padaria, obviamente de um patrício português do meu pai, que era natural de Faiões, Trás-os-Montes, e ele disse: "Olá, patrício, me dê o pão mais gostoso, aquele de meio quilo que fizestes agora! Cortas 100 gramas de queijo e 100 daquela

CAPÍTULO 2 QUANTO MAIORES OS INCÔMODOS, MAIOR SEREI. 31

mortadela!". O português foi fazendo enquanto conversavam das lembranças de suas aldeias portuguesas e meu pai elogiava os deliciosos folares da cidade de Chaves. Com o filão do pão de meio quilo, o queijo e a mortadela, meu pai pediu um favor ao dono da padaria: que cortasse o pão ao meio e passasse um pouquinho de manteiga.

O agora já amigo de meu pai fez de bom grado, e então ele montou o maior sanduichão do mundo, colocando o queijo e a mortadela no meio do pão, partindo ao meio com a mão e falando: "Vamos dividir um Guaraná para festejar". E os dois portugueses riram, e meu pai disse: "Filho, se o patrício aqui nos vendesse esse sanduíche assim, quanto nos custaria? Cinco vezes mais, e não ficaria tão gostoso, porque o fizemos juntos e agora vamos comer com nossas mãos o que com elas fizemos".

E ali, na porta da padaria, ao pé do Corcovado, olhando para o alto do Rio de Janeiro, ficou na minha memória o almoço mais gostoso do mundo. Claro que já estive em lugares internacionais, restaurantes caríssimos, comi iguarias espetaculares, vivi situações especialíssimas. Em Paris, uma empresa nos ofereceu um jantar de honra feito por uma *chef de cuisine* extraordinária e suas filhas. Por que considero aquele sanduichão do meu pai na padaria do Cristo Redentor o almoço mais gostoso da minha vida? A alegria, a conversa animada dos dois portugueses e o amor de um pai adotivo, com pouco dinheiro, conseguiram transformar o incômodo da falta de recursos num profundo valor que jamais se desvaneceu da minha consciência e memória.

Os incômodos do viver serão infinitos e de diversas dimensões – e vamos, neste livro, amansando, domando e transformando o que de princípio nos parecia ruim num elixir poderoso de mutação, crescimento e progresso humano. Todos os incômodos do mundo servem para nos transformar se reunirmos a criatividade com a alegria na busca da solução.

É possível, por exemplo, extrair um brutal e imenso incômodo da expressão "Ó meu Pai, se é possível, passe de mim este cálice", passagem dramática de Cristo que cristãos estudiosos conhecem bem. E para aperfeiçoar mais ainda a dimensão do incômodo, o salvador acrescentou: "Que não seja feita a minha vontade, mas a tua". E ali estava o ponto mais fundamental da essência do sentido de uma vida.

Sabemos que Cristo podia ter orado a Deus, seu pai, para que o livrasse daquele sofrimento, suplício, martírio de carne e de espírito. Apesar disso, talvez como um dos aprendizados cristãos mais fortes entre todos, ele aceita o cálice, a sua missão, o mais poderoso de todos os incômodos. Assim, nos relatos de João (12:27), surge a mais poderosa de todas as lições: "Agora a minha alma está perturbada; e que direi eu? Pai, salva-me desta hora; mas para esta hora é que eu vim.".

Os incômodos existem então para que possa ser feita a minha vontade, mas também para que não seja feita a minha vontade. Que incômodo, não, leitora e leitor?

Outra pessoa espetacular da minha criação, meu tio Salgueirosa, outro português, me levava para trabalhar com ele, quando podia, na sua oficina de automóveis. E ele me dizia: "Nunca permita que as responsabilidades matem a tua liberdade, a infância dentro de ti. Mas atenção: jamais deixes também que a tua liberdade cegue a tua responsabilidade". E lá estamos de novo, o incômodo. Ser livre incomoda, pois sempre conflitará com a responsabilidade. E ser responsável incomoda, pois sempre rivalizará com a liberdade.

Mas então viver é um profundo e eterno estado de incômodo? Sim! Aleluia! Viva! Afinal, o que nos alegra, enche de felicidade, de riqueza, patrimônio, nos dá poder e, muitas vezes, fama é o incômodo. Pode ser um incômodo gostoso? Sim, quando o vencemos como resultado de lutas e esforços. Usando exemplos práticos, é como conseguir aquela posição na empresa, aquela venda extraordinária para um cliente-chave ou obter um sim da pessoa amada, admirada, pela qual nos apaixonamos. O incômodo nos motivou profundamente, agitou dentro de nós as maiores forças; olhe para dentro de si, para sua história, analise, avalie e verá que foi assim.

O que você teve que fazer para chegar a essas conquistas? Imensas coisas. Teve que aprender o que não sabia. Falar com pessoas que desconhecia. Criar situações. Investir tempo, recursos e o próprio prestígio

CAPÍTULO 2 QUANTO MAIORES OS INCÔMODOS, MAIOR SEREI.

Os incômodos do viver serão infinitos e de diversas dimensões — e vamos, neste livro, amansando, domando e transformando o que de princípio nos parecia ruim num elixir poderoso de mutação.

pessoal, apostando em diversas incertezas. Pense bem: tudo em que você tem se transformado, que o enche de orgulho, satisfação e prazer, foi feito da mesma forma: por forças gigantescas do poder do incômodo.

Mas, se você já conseguiu posições sensacionais perante a sociedade, reconhecimento, admiração de todos, o que passa a incomodá-lo? O legado. A marca da sua obra. E é por isso que, numa das mais lindas ações humanas, seres humanos que conquistaram uma enormidade de bens e muito sucesso se incomodam e terminam criando, muitos já com idades avançadíssimas, obras que continuam o seu sentido maior de missão.

Conheci e convivi pessoalmente com dois desses seres. Um deles, Shunji Nishimura, de Pompeia, admirado fundador da empresa Jacto, me disse um dia que ia criar uma fundação educacional para formar pessoas, acima de técnicos. E criou. Faleceu aos 100 anos, conforme a antiga contagem da cultura japonesa,[9] em Pompeia (estado de São Paulo), falando: "Filhos, por que tudo deu certo?".

Outro admirável ser humano, Fernando Penteado Cardoso, fundador da empresa Manah, já com 106 anos, em 2020, continuava presidindo uma fundação de estudo e tecnologia em sustentabilidade, a Agrisus.

São inúmeros os exemplos de legados imortais pelo mundo, como

---

[9] Até 1902, os japoneses contavam a idade ao nascer como um ano e acrescentavam mais um ano a cada passagem do ano. Assim, quem nascia no dia 31 de dezembro já teria um ano ao nascer, e no dia seguinte já teria dois anos. Esse sistema era chamado kazoe-doshi. Uma nova lei de 1950 obrigou repartições públicas a usar a contagem de idade em que o primeiro ano é contado um ano (365 dias) após o nascimento. Disponível em: https://nikkeypedia.org.br/index.php?title=Idades_na_cultura_japonesa. Acesso em: 15 jan. 2021.

a Fundação José Carvalho, de Pojuca, na Bahia, administrada hoje por Bárbara Carvalho, neta do seu criador. E quanta bondade podemos ver extraída das mais diferentes dificuldades, como a de um José Carvalho menino, pobre, escolhido para ser aluno de uma escola jesuíta, que depois vence na vida e deixa um legado para ser imitado por muitos que se deixem inspirar por esse ato. Não precisamos buscar exemplos do outro lado do mundo ou em Hollywood. Eles existem ao nosso lado, onde estamos vivendo. É necessário olhar.

Há, ainda, a obra espetacular do cooperativismo, que tem no Brasil seu patrono padre Theodor Amstad, que sozinho andou mais de 60 mil quilômetros em lombo de mulas e cavalos propagando a união de todos para o enfrentamento de males comuns. Em 1902, ele fundou uma cooperativa de crédito, Sicredi, pioneira na cidade de Nova Petrópolis, no Rio Grande do Sul, pertinho de onde minha querida mãe adotiva, Rosa Hofmann, nasceu, numa colônia de alemães no morro do Canastra, em Canela.

Por falar nisso, o que dizer desse outro imenso incômodo, o da imigração? Levas humanas gigantescas querendo cruzar a fronteira dos Estados Unidos para viver o "sonho americano". Na Europa, barcos cruzando o Mediterrâneo em busca de "sonhos de vida melhor".

Nesse sentido, a comissão europeia sugere que suas cooperativas se instalem na África para exatamente criarem desenvolvimento e estancarem a "fuga de seus habitantes" para um sonho que tem todas as características de ilusão.

Os incômodos, quando não enfrentados com a profundidade da razão, ampliam ainda mais o sofrimento. Cooperativas bem lideradas podem, sim, significar caminhos inteligentes na busca de soluções. Portanto, benditos sejam os incômodos – mas não perca o foco. E legítimos valores humanos são as forças que, mesmo sob os piores momentos, ali estão presentes invisivelmente para que possamos superar e transformar incômodos em vitórias. A solidariedade, a democracia, a aversão ao risco, a intercooperação e a confiança são valores predominantes no cooperativismo.

CAPÍTULO 3

Incerteza e imperfeição, necessárias para quem vive neste nosso mundão

"O AMOR É A UNIÃO
DOS IMPERFEITOS
PARA JUNTOS SE
APERFEIÇOAREM."

José Luiz Tejon

3

Quando ninguém imaginava e previa, veio o novo coronavírus, causando milhões de mortes e milhões de infecções. Fomos para a quarentena, obrigados pelo poderosíssimo incômodo da covid-19 a rever tudo em nossas vidas. Subitamente, nos deparamos com um mundo que jamais será o mesmo. Relações humanas diferentes, renovadas, outras esquecidas. A globalização em conflito com o protecionismo, mas inexoravelmente condenada a tentar chegar ao fim da desigualdade, como imaginou John Lennon um dia em "Imagine" – viver um mundo como se fosse somente um.

Assim, trouxemos o digital para a vida real: *lives*, *webinars*, *home office*, algoritmos... Mas não se esqueçam: somos mamíferos. Precisamos do calor humano, do beijo e do abraço, do afago e do carinho, ferramentas para transformar dores em amores. Jamais me esquecerei do que ouvi do Dr. José Carlos de Souza Jr., reitor do centro universitário do Instituto Mauá de Tecnologia: "Toda tecnologia digital estará a serviço de um mundo cada vez mais analógico, pois entre o zero e o um existe o infinito, e essa extensão só pode ser alcançada pela alma humana".

Dessa maneira, o incômodo nos transforma. Incômodos mais agradáveis, como se apaixonar e ser correspondido; incômodos menos agradáveis, como concluir que você é um péssimo técnico em eletrônica e precisa escolher outra profissão (meu caso aos 17 anos); megaincômodos universais, como os que sentiram Jesus Cristo e outros líderes religiosos, como Maomé, Buda, Moisés, Kardec, Pedro, Paulo e tantos outros. Mas, seja qual for o incômodo, desde que não seja falso e inventado, fruto da ilusão, será sempre de extrema importância na vida. Ou melhor, eu diria que, sem incômodo, não haveria vida.

O PODER DO INCÔMODO

O que é terrível, então, nesse mundo em que estamos começando a mergulhar, o dos incômodos reinantes? A fuga. Optar pela vida morna, amorfa, a negação de estar vivo. A incompreensão para o que viver significa. E, para esses incômodos mornos, então, poderíamos dar outra rotulagem – seriam os indiferentes.

O caminhante tem a responsabilidade de, além de abrir os caminhos, descortinar pérolas preciosas que continuem motivando todos que por ali passarão. Todos os caminhos terão suas cruzes e dificuldades, mas todos nos apresentam virtudes. Eu, certa vez, caminhando pelo bairro lisboeta do Chiado, encontrei uma grande flâmula que imediatamente captei como mais um dos grandes sinais para este livro. O texto é de uma campanha da Câmara Municipal de Lisboa por uma cidade mais verde e diz:

> Aos indiferentes
> Precisamos dos indiferentes.
> Dos conformados e dos céticos.
> Precisamos dos que ligam demasiado ao carro.
> Dos que não desligam a luz.
> Precisamos dos que deixam a água a correr.
> Dos que se demoram no banho.
> Precisamos dos que atiram para o mar.
> E dos que lançam para o ar.
> Precisamos dos pessimistas e dos consumistas.
> Dos que querem palhinha e saquinho.
> E descartavelzinho.
> Precisamos dos que reciclam desculpas, e mais coisa nenhuma.
> Dos que não querem e dos que não creem.
> Precisamos até dos que não fazem por mal.
> Precisamos dos indiferentes.
> Já não dá pra salvar o mundo sem eles.

Embora faça parte de uma ação de responsabilidade ambiental, esse texto serve perfeitamente para o foco central deste nosso livro. Não vamos mudar o mundo debatendo apenas entre nós, os incomodados.

O cartaz em Lisboa me incomodou. Não basta educar quem quer ser educado; é preciso fazê-lo com quem não quer ou não acha que precisa. Não basta incomodar, ainda, quem já carrega consigo o bicho do autoincômodo; precisamos incomodar quem se acomodou. Precisamos incomodar e conquistar os "mornos" ou os "indiferentes". E, por minha conta, acrescentei os que atuam com ausência de dúvida dentro de destinos malignos ungidos por práticas amplificadoras dos incômodos, ampliando gigantescamente sua capacidade destruidora e de perpetuação no tempo. Eles formam a legião dos frios. Organizam legiões assustadoras. Suas táticas contemporâneas são:

1. Linchamento virtual.
2. Desprezo pelas normas e instituições.
3. Desmoralização da justiça.
4. Seleção de bajuladores com alto apetite ao risco (radicais).
5. Radicalização com violência.
6. Realidades paralelas – criação de inimigos imaginários.
7. Vitimização constante apontando culpados – ausência de responsabilidade.
8. Divinização de deuses humanos terrenos – simbologia e misticismo.
9. Cultura entrópica da alegoria do sofrimento milenar – sociopatia camuflada.

Não basta educar quem quer ser educado; é preciso fazê-lo com quem não quer ou não acha que precisa.

O grande poder do incômodo do novo coronavírus, por exemplo, acentuou estratégias de lideranças planetárias e grupos messiânicos, utilizando com "maestria" as nove táticas do que foi batizado como "legiões da maldade". Dessa forma, para seguirmos adiante, volto a Jesus Cristo, que colocou como a máxima de todas as máximas cristãs da humanidade: "Que vos ameis uns aos outros" (João 13:34).

Precisamos amar quem nunca pensamos em amar um dia; os desamados do planeta formam a legião dos indiferentes.

A frase que abre este capítulo diz: "O amor é a união de imperfeitos para juntos se aperfeiçoarem". Mas você já sentiu o poder de ter sua imperfeição amada? Ou sabe o que significa amar a imperfeição de alguém?

Quando eu tinha 4 anos, minha mãe adotiva, dona Rosa, preparava uma mistura de cera derretida com gasolina para passar na casa. A lata inflamou, e ela a arremessou para o quintal. Corri para a cozinha, e a mistura fervente atingiu meu rosto. Imagine o incômodo! Dali em diante, me transformei num menino queimado. No rosto, incômodo maior, não dá para esconder! E o que recebi desse desagradável incômodo? A maior lição de vida que jamais teria, se assim incomodado não houvesse sido: o amor de uma mãe adotiva a um filho que antes lhe parecia inviável e com uma face imperfeita.

E quando me perguntam: "Tejon, se você pudesse voltar no tempo e alterar três ou cinco segundos daquele momento, fazendo a lata de cera se desviar e não queimar o seu rosto, você faria?". Penso, reflito e, de maneira extraordinariamente humilde e colocando-me como inferior, lembro-me do momento de

Precisamos amar quem nunca pensamos em amar um dia; os desamados do planeta formam a legião dos indiferentes.

Cristo ao pedir: "Ó meu Pai, se é possível, passe de mim este cálice; todavia, não seja como eu quero, mas como tu queres" (Mateus 26:39). Eu também, na insignificância do meu exemplo nessa comparação, termino por dizer o que senti e minha alma ouviu na beira do rio no Pueblo de Cuerigo, em Astúrias, na Espanha, onde minha mãe biológica, Beni, viveu e me concebeu: "Nunca duvide do seu destino, e é proibido ter medo".

Que venha o incômodo. Que venha na forma de cálice. E que todo ele nos seja útil para virmos a ser o que jamais saberíamos que poderíamos ser sem esse encontro divino – o poder do incômodo. Quando escrevia este trecho do livro, que me incomoda e motiva a todo instante, estava na linda biblioteca da Audencia, em Nantes, na França, cercado por milhares de obras que explicitam o poder dos incômodos que sempre "chacoalharam" a humanidade. Lá, vi um tema impresso numa placa bem grande na praça central da universidade: *"Shake the future"* – chacoalhe o futuro. E ela vem acompanhada de mais um chacoalhão: *"Never stop daring"* – nunca pare de ousar.

Alguns meses depois, um sabotador colocou fogo na linda catedral de Nantes. Significa que a luta nunca termina, que sempre haverá um embate entre forças entrópicas e sintrópicas. Vamos reerguer a catedral. Há lições nisso. Talvez não a olhássemos como deveríamos antes do incêndio. Mal ou bem, tudo oferece lições.

Quero, por fim, mencionar um dos mais poderosos e perigosos incômodos dos próximos anos para a vida na Terra. Estudiosos de Inteligência Artificial escreveram: "Temos uma responsabilidade histórica. Estamos num momento em que podemos decidir que tipo de humanidade queremos".[10] O neurocientista espanhol Rafael Yuste, da Universidade Columbia (Estados Unidos), criou o grupo BRAIN,

---

[10] SALAS, Javier. Por que é preciso proibir que manipulem nosso cérebro antes que isso seja possível. **El País**, Madri, 13 fev. 2020. Disponível em: https://brasil.elpais.com/ciencia/2020-02-13/por-que-e-preciso-proibir-que-manipulem--nosso-cerebro-antes-que-isso-seja-possivel.html#:~:text=%E2%80%9CTemos%20uma%20responsabilidade%20hist%C3%B3rica.,qual%20se%20prop%C3%B5e%20Rafael%20Yuste.&text=Yuste%20sabe%20bem%20o%20que,e%20fazer%20em%20nossas%20mentes. Acesso em: 2 jan. 2021.

que objetiva obter tecnologias para ler o pensamento humano, bem como captar os nossos sonhos. Esse neurocientista diz que descobrir os segredos do cérebro humano não descarta a sua responsabilidade. E, incomodado com a forma como serão usados os algoritmos, podendo se transformar em destruidores do "eu", de cada indivíduo, propõe a criação de cinco neurodireitos para a humanidade:

1. Direito à identidade pessoal.
2. Direito ao livre-arbítrio.
3. Direito à privacidade mental – inviolabilidade dos "neurodados".
4. Direito aos acessos equitativos das tecnologias de realidade aumentada.
5. Proteção contra preconceitos e discriminações, e que esses algoritmos sejam identificados antes que se apliquem.

E então, você está preparado, pronto para olhar, enfrentar e, com todos esses poderosos incômodos, viver feliz, forte, audacioso, corajoso, contribuindo para um projeto evolutivo humano?

Não adianta dizer: "Ó meu Pai, se é possível, passe de mim este cálice". O cálice hoje está invisível na forma de dígitos, algoritmos que viajam na velocidade da luz por camadas de ondas presentes, penetrando em todo cantinho da Terra e criando uma nova geração que começa a viver olhando para a mão, na qual carrega seu celular. Estamos olhando para baixo. Que incômodo! Precisamos reaprender a empinar pipas para olhar para o alto. E não vai adiantar dizer: "Eu gostaria que não fosse assim, mas que seja feita a sua vontade".

Estamos olhando para baixo. Que incômodo! Precisamos reaprender a empinar pipas para olhar para o alto.

CAPÍTULO 3 **INCERTEZA E IMPERFEIÇÃO** 43

E então, você está preparado, pronto para olhar, enfrentar e, com todos esses poderosos incômodos, viver feliz, forte, audacioso, corajoso, contribuindo para um projeto evolutivo humano?

O virtual é um novíssimo e perturbador incômodo. Percepções criam realidades. A pulverização da internet, como já aconteceu antes com a eletricidade, as ondas de rádio e os celulares, gerou uma sociedade de impactos de percepções. E trouxe incômodos descomunais, como grupos que acreditam que a Terra é plana – Galileu Galilei e Pitágoras se reviram onde quer que possam estar hoje! Ou outros, que preocupam o próprio FBI estadunidense, como um tal de Qanon, que, entre outras crenças, diz que setores europeus contrários a Donald Trump comiam criancinhas abortadas. Grupos com o "Q" nas camisetas paravam para ouvir histórias de que os democratas secretamente torturavam e matavam crianças para extrair do sangue delas um elixir que aumentava o tempo de vida de quem o tomasse. O cérebro humano está agora exposto a gigantescas barbáries, trazendo o incômodo do medo, gerando a fuga da razão e criando um nível de ambiente mental jamais visto na dimensão e proporção do atual. E isso vai piorar nos próximos anos.

Esse incômodo do "*fake* virtual" gerará, por outro lado, desenvolvimentos humanos da mesma forma excepcionais. Numa conversa com Demi Getschko, um dos principais cientistas das redes sociais no Brasil, ele me disse: "Estamos ainda numa era infantil das redes. Brincamos, e tem muita brincadeira de mau gosto. Porém, logo domaremos as barbáries e veremos um desenvolvimento exponencial do conhecimento democratizado através das redes. Como tudo na vida. O mal não estará na ciência, mas na ética com a qual usamos a ciência. Precisaremos de educação e ética".

O PODER DO INCÔMODO

Por isso, toma da vida. Beba da vida, e vamos fazer dos poderosos infinitos e eternos incômodos das leis do Universo um regozijante prazer: o de atuar, cada um de nós, dentro das nossas possibilidades, para o aperfeiçoamento das imperfeições. Daí, partiremos para a lei inexorável deste século – a cooperação ética.

CAPÍTULO 4

Uma vida morna, o reino dos indiferentes

"O SER HUMANO INICIA QUANDO DEIXA DE SER IMPELIDO E TERMINA QUANDO DEIXA DE SER RESPONSÁVEL."

Viktor Frankl

4

Começar incomoda. Quem não sente aquele incômodo provocativo instantes antes do show, da aula, da palestra, da reunião de negócios ou mesmo antes de dizer à pessoa amada "eu te amo"? O incômodo não reside apenas no ato do começar. Ele nos preocupa em função de todos os efeitos que qualquer ato provoca na nossa vida e na dos outros. Assim, o poder do incômodo tem no "amor" o seu mais agudo, profundo e inquietante movimento transformador de vidas.

Falar de amor por si só já nos incomoda muito. Qual é sua definição para amor? "Amo muito tudo isso" – um belo slogan publicitário do McDonald's. "Eu amo a música", afirma meu amigo maestro João Carlos Martins e logo acrescenta: "Toda vez que me afastei do dom que Deus me deu, não fui feliz". O dom é um sentido profundo de amor. E o dom incomoda? Sim, demais. Ao sabor dos ventos dos nossos dons, vamos fazer o que não faríamos nunca, vamos conversar com quem não conversaríamos antes, vamos a lugares aos quais não iríamos. E mais: tocados ao sabor do amor aos nossos dons, vamos querer aprender o que não aprenderíamos e, acima de tudo, o máximo dessa magia incomodante: fazermos aquilo de que não gostamos e que não queríamos, mas que, se não fizermos, nossos dons, nossas obras não resplandecerão. Como o querido velho maestro João Carlos Martins, que foi estudar para ser um regente já com mais de 60 anos em virtude de uma doença que não o deixa mais tocar piano, e sua profissão é exercida brilhantemente até então.

Assim, vamos vendo que "amor" é deveras e significativamente incomodante. E há cristãos que não gostam de outros cristãos, de outras igrejas. Tem gente que reclama do papa se ele recebe e fala com determinada pessoa da qual não gostam.

Mas vamos falar de nós. Eu, você. Somos tocados e marcados pelo amor. Você já viveu "amores à primeira vista"? Eu já. Alguns

Ao sabor dos ventos dos nossos dons, vamos fazer o que não faríamos nunca, vamos conversar com quem não conversaríamos antes, vamos a lugares aos quais não iríamos.

profundamente incômodos. Ah, você poderia dizer, mas, Tejon, "é certo que todos vamos errar por causa da ilusão do flash dos momentos, dos instantes". Sim, concordo, caro leitor incomodado. Você tem razão. Mas aí mesmo, exatamente na nossa imperfeição, é que reside o toque mais profundo do legítimo amor.

Repito uma afirmação extraordinária: viva, somos imperfeitos. Ótimo, pois seremos lapidados como obra de um escultor ao longo da vida. Durante a lapidação, somos como a pedra, que só percebe e sente o fio da talhadeira. Mas será dos amores vividos e intensamente debatidos do ventre ao gene e à construção do "meme"[11] que passaremos um dia, de repente, a parar de buscar o perfeito e a adorar exatamente os poderes dos incômodos.

Este livro tem um só centro: você. Meus exemplos – eu tinha tudo para não nascer, para nada ser, e mesmo assim virei o que virei – só servem como um grande forno de uma usina para me dar autoridade para falar do calor escaldante da vida real, como ela é. Servem para me levar a você. Os demais exemplos e estudos, pensadores aqui citados, não estão aqui para valorização de seus egos. Estão aqui para extrair, arrancar de você o profundo do profundo de todas essas possibilidades, lá do ponto mais empolgante da sua alma.

Como exemplo, vale mencionar o empresário José Cutrale, que, quando doou um cheque de 100 mil dólares para o Hospital de Câncer de Barretos (hoje chamado Hospital de Amor), disse a Henrique Prata: "Isto aqui é mais do que você pediu por duas razões. Uma, para comprar

---

[11] DAWKINS, Richard. **O gene egoísta**. São Paulo: Companhia das Letras, 2007.

um aparelho de importância na prevenção do câncer e a outra, para você seguir dando o exemplo de que a gente pode fazer por nós mesmos, não dependendo de governos ou bancos. Quando a gente quer, a gente pode e, por isso, faço questão de colaborar". O trecho está em *Acima de tudo o amor*, livro de Prata,[12] e o registro aqui para despertar dentro de você esse poder protagonista de se incomodar com o cavalgar o próprio destino e jamais se permitir ser arrastado pelas patas desse cavalo selvagem chamado destino.

Mas que ideia é essa minha de começar a tratar o incômodo exatamente com a palavra "amor"? É que amar incomoda, mesmo. Amor genuíno e verdadeiro não é só aquele gostoso. Eu amo ficar na minha querida cidade de Santos, vendo o mar do bairro José Menino aqui da sacada do apartamento, onde escrevo também parte deste livro. Ou amo certo escritor, certo pensador. Amo a história de vida de um empresário bem-sucedido. Amo a civilização holandesa. Amo a beleza da Gisele Bündchen ou de uma desconhecida, desconhecido, ou o glamour e a elegância de Richard Gere ou do professor Bertrand, de Nantes. Amo o cavalheiro admirável Cristiano Walter Simon (*in memoriam*) ou o professor Roque Dechen da Esalq. Ou amo meu time de futebol, a cerveja com os amigos, meus filhos.

Temos muitos amores na vida, mas quero trazer aqui o amor a causas profundas. Quando amamos o que ninguém quer. Amamos quem ninguém quer. Amamos o impossível. Falo aqui do amor pelo imperfeito. Amor pela verdade, a paixão pela imperfeição, e a luta dos guerreiros que sonham e vivem para aperfeiçoar os imperfeitos.

Você já foi amado incondicionalmente? Já foi um dia na vida o que ninguém gostaria de ter e de ser e sentiu o corte generoso, penetrante e inesquecível do amor? A vida me permitiu viver isso, ser o que não era para nascer e experimentar a transformação de uma lagarta metamorfoseada numa borboleta que alçou voo. Isso só foi possível devido ao amor verdadeiro de uma mãe adotiva. Portanto,

---

12 PRATA, Henrique. **Acima de tudo o amor.** São Paulo: Editora Gente, 2012.

posso dizer que existe e não se trata de anestésico ilusório para tornar a sua vida mais calma e menos incômoda.

Agora, esse amor incomoda quem ama, pois significa fazer o que precisa ser feito, e não o que gostaríamos de fazer. É necessário saber ser duro, educar, dizer não, corrigir, liderar. A arte da liderança dói. Não dá sossego. A vigilância está eternamente presente. E o mais injusto é que, na imensa maioria das vezes, só reconheceremos e amaremos profundamente aquele que tanto nos amou muito tempo depois, quando, já talhados e esculpidos, nos vemos mais prontos. Esquecemo-nos do martelo e da talhadeira e das mãos dos amores que nos conduziram até onde chegamos. Muitas vezes esses amores já partiram, não mais vivem para que possamos gritar: "Ei, obrigado pelo amor que me guiou, você também não é perfeito, e eu buscava em você o exemplo da minha imaginada perfeição, mas só agora descobri que a missão do seu amor por mim era me aperfeiçoar. Te amo, onde quer que você esteja!".

Mas leva tempo para trazermos esse amor à razão. Só ficou claro para mim durante as pesquisas da minha tese de doutorado sobre a Pedagogia da Superação. Numa noite em Santa Maria, no Rio Grande do Sul, estava com parentes de vítimas do acidente da boate Kiss, que causou 242 mortes e mais trezentos feridos, quando ouvi de uma menina de uns 14 anos, ao lado do pai, que choravam pela morte do filho e do irmão, a profundidade do que é amor. Ela disse, chorando: "Pai, a gente amava o irmão, mas ele morreu, não me mata porque o irmão morreu, eu estou viva e preciso do seu amor!".

Voltaremos mais adiante a tratar deste, que é o maior incômodo de todos os incômodos – o legítimo amor e o que ocorre na ausência. Primeiro, este livro existe para incomodá-lo, mas garanto que você não consegue imaginar os incômodos – de todos os tipos – que sinto ao estar aqui escrevendo.

Numa véspera de Natal, fui abraçar meu amigo-irmão Roberto Shinyashiki e perguntei: "O que é incômodo para você?". Ele disse: "Incômodo é angústia". E acrescentou: "Fugir dos enfrentamentos é fracasso, amplificar e criar angústias falsas é o pior de todos os tormentos".

CAPÍTULO 4 UMA VIDA MORNA, O REINO DOS INDIFERENTES

• • •

Agora estou em Nantes, na França, cidade do imaginativo Júlio Verne, escritor de *Vinte mil léguas submarinas*, entre outras mágicas obras sobre um futuro distante à sua época, mas em grande parte real no século XXI. Uma imensa indústria à base de algas se desenvolve nos mares do norte franceses, assim como o Capitão Nemo utilizava no seu *Nautilus*.

E ali está um incômodo personagem da vida real, Monsieur Hervé Balusson. Incomodado com a insuficiência dos métodos químicos, investiu sozinho numa ideia de industrialização de algas. Era considerado um louco. Hoje, a Olmix domina esse conhecimento e atua no mundo todo, e ainda oferece ótimos estágios para os alunos do programa que coordeno todos os anos na França. Um incômodo e uma vida quente, nada morna. E Hervé incomoda por onde passa: atrai olhares, acelera o que está lento, energiza tudo. E, claro, em um almoço com todos os alunos não deixa por menos.

Num domingo frio, resolvo sair para ver a cidade do lado de fora do meu hotel, bem no meio da cidade histórica e em frente a uma *boulangerie* deliciosa e do melhor crepe do mundo, o do Bouffays. Abro a porta do hotel, e o vento forte e gelado, com a garoa fina e penetrante, me incomoda. Não dá. Volto para dentro, mergulho neste texto, vigorosamente incômodo, e me lembro das vidas mornas em Nantes, onde dou aula em um mestrado internacional da Audencia Business School. Tivemos uma gigantesca cerimônia de diplomação que uniu mais de oitocentos jovens do mundo todo no Cité Congrès.

Houve, ali, um gigantesco incômodo entrópico e apocalíptico, daqueles gigantescos causados por sistemas e culturas aterrorizantes. Uma das minhas alunas, uma indiana, se suicidou antes da diplomação por ter seu casamento proibido com um jovem de casta inferior à sua. E, ao se suicidar, usava uma camiseta escrito: "*Can't stop me*" – não podem me parar. De uma frieza glacial. Ela não estava ali naquela festa de alegria e celebração. Por outro lado, um casal de alunos chineses se aproximou trazendo a mãe do rapaz, uma senhora que revelou toda a luta que havia sido chegar a ter seu filho diplomado numa academia internacional, e os três me agradeceram emocionados. E, quando entreguei o diploma a eles, aqui da parte brasileira, a senhora apertou minha mão, com lágrimas nos olhos, e mandou o filho traduzir em inglês: "Muito obrigado, professor, e quando for à China, nós o guiaremos lá assim como o senhor guiou meu filho aqui e no Brasil".

Entre a aluna indiana, fria, e os dois alunos chineses quentes, havia centenas de outros jovens. Era possível ver os mais frios, céticos, duros, e também os mais quentes, alegres e vivos. Mas entre os dois estados havia muitos mornos. A indiferença para com toda a cerimônia alternava alienação com arrogância. Nem desejavam não estar ali nem curtiam estar. Eram os jovens mornos. Jamais me esquecerei da aluna indiana, fria, assim como jamais me esquecerei dos alunos chineses e uma mãe, quentes. Mas nunca me lembrarei de nenhum morno em meio à multidão. Os indiferentes formam uma massa sem individualidades.

E, ao olhar o mundo, eu gostaria muito de incomodar os mornos, que se aquecessem. Pedir aos frios que canalizassem suas revoltas para as obras ascensionais e lutas contra culturas aterrorizantes e, sem dúvida, convocar os quentes para um exército de incômodos sintrópicos, evolutivos, que seus exemplos permitem inspirar. O bullying nefasto só existe pela omissão dos mornos, por se sentirem bem por não ser com eles. Pela acomodação de um falso bem-estar. Pela ausência de amor.

Há um elixir propulsionador da vida que transforma incômodos em obras de arte; criação e progresso estão na síntese de todas as sínteses – o amor. Talvez mornos não tenham sido flechados pelo poder arrebatador do amor e assim não conseguem processar esse dom fantástico de tudo superar, e a indiferença tenha terminado por prevalecer como comportamento perante a vida. Talvez os frios tenham sido atingidos por levas de "desamor" e, sem saber, busquem de forma agonizante o

E, ao olhar o mundo, eu gostaria muito de incomodar os mornos, que se aquecessem.

seu oposto. E os quentes talvez sejam uma legião de sortudos amantes de tudo e todos que, não importando as circunstâncias, sempre aperfeiçoarão o imperfeito e farão da situação a sua gigantesca motivação e evolução. Porém, aos quentes fica a necessidade do desenvolvimento da consciência da cooperação. Ou eles esquentam os mornos ou uma era glacial das almas humanas pode imperar.

O que os estudos comportamentais nos revelam sobre a turma do meio, os mornos, os indiferentes? Num congresso nos Estados Unidos, a convite de Patrick Sweeney, que escreveu ao lado de Herb Greenberg o livro *O sucesso tem fórmula?*, conheci Daniel Goleman, criador da Inteligência Emocional. (Aliás, recomendo enfaticamente a leitura de um dos seus últimos livros, *Foco*.) Nessa apresentação, Daniel mostrou uma pesquisa mundial a respeito de como se comportam as pessoas em relação aos fatos, às circunstâncias, ao trabalho e à vida de maneira geral.

Ele me disse: "Cerca de 11% das pessoas são engajadas". Quer dizer, vivem intensamente de corpo, alma e espírito as situações. Consequentemente, têm seu foco ativado. Os turbilhões de incômodos atiçam e ativam seus neurônios e os movimentam. Por isso enxergam antes, antecipam, têm a curiosidade infantil aguçada. São engajados. Outros 19%, explica Goleman, são aderentes ao engajamento. Quer dizer, podem ser influenciados pelos primeiros e aderir aos esforços criativos e se inspirar com altas performances. Então, somando os engajados e os aderentes, temos 30% do universo, 11% quentíssimos e 19% quentes. Agora começa a luta pelo engajamento, que vai exigir muito encorajamento dos 50% mornos, a turma do meio, indiferente a quase tudo que signifique a escolha pela evolução. Goleman se referiu a eles como "turistas passando o tempo nas empresas e na Terra". E os demais 20%, para completar os 100%, são os frios, os "terroristas", falando mal, detonando, acusando e destruindo o que puderem ao seu redor. E agora com uma máquina demolidora à sua disposição, o *"fake virtual"*. Fica interessante observar esse quadro e o trazer de novo para nossas experiências de vida real.

Metade do grupo não está nem aí e assume papéis de não protagonismo, geralmente de vítima. Já 20% é rebelde e costuma se servir dessa turma do centro como meio para atingir os seus próprios interesses. Vamos colocar cada um de nós no jogo. Contarei uma experiência minha, a qual costumo repetir, pois nada melhor do que expormos a nós mesmos na arte da busca pela consciência dos nossos leitores.

Eu tinha 20 anos. Iniciava a faculdade em São Paulo, à noite, na Cásper Líbero, e precisava trabalhar para pagar as contas e ajudar minha tia adotiva, Irene Hofmann, que me recebeu em sua casa quando cheguei de Santos. Abri o jornal *O Estado de S. Paulo* e lá estava, nos antigos classificados de emprego: precisa-se de vendedores. Recortei e fui, assim como fui a vários lugares. Mas ali a situação era difícil – a empresa veio a ser um imenso sucesso vinte anos depois, porém no início ninguém queria comprar, e achar vendedores era dificílimo.

Chamava-se SCI, e seu fundador, John Gottheimer, uma dessas pessoas brilhantes, quentes, incomodado pela precariedade dos serviços de informação de crédito para tomada de decisão das empresas, inventara, nos anos 1970, um novo modelo baseado em compartilhamento, uma ideia da economia colaborativa. Fui aceito como vendedor, imagino que pela simples razão de que ninguém queria vender aquilo que ninguém queria comprar. Mas aí está outra coisa genial do poder do incômodo: o que ninguém quer e pediu hoje é o que pode virar imenso sucesso amanhã.

Então lá fui eu trabalhar. Eu nunca fui vendedor, não achava ter talento para isso. Aos 20 anos, tinha uma estampa esquisitíssima (ainda hoje, com certeza!): era um cabeludo que vinha de fazer músicas para o teatro, meio hippie àquela altura, tocava rock & roll, queria ser jornalista e publicitário e, claro, havia a queimadura facial, o que deixava tudo ainda mais, digamos, "exótico". E eu era também um belo exemplar de "rebelde": na classificação de Goleman seria um "terrorista", um frio. Achava-me o pior vendedor do mundo. E o que fazem as pessoas quando classificam a si mesmas?

Buscam seus iguais, os que têm a mesma etiqueta estampada na testa. Imediatamente, fiquei amigo do outro camarada que era um vendedor tão ruim quanto eu. Saíamos para vender juntos e, claro, não vendíamos nada para ninguém. Éramos rebeldes, bocudos, falávamos mal de tudo. Que aquilo não era vida, que o serviço da empresa era uma droga, e nos reuníamos para uma cervejinha no fim do expediente no bar embaixo do escritório no centro de São Paulo, onde detonávamos tudo e, claro, só piorávamos a nossa situação naquele início de profissão.

Na empresa, havia uns quarenta vendedores. E aí vêm os índices de Goleman, que hoje consigo revisitar para essa minha primeira experiência, considerando performance de vendas. Dos quarenta vendedores, havia uns cinco bons. E, entre os cinco, um era campeão espetacular de vendas. Era um baiano de nome inesquecível, pois era sempre usado pelo gerente para revelar o que podia ser feito e o quanto nós, que não vendíamos nada, éramos incompetentes – o Nolasco.

Do outro lado, os reclamadores da vida, os que botavam culpa em tudo e no todo, reuniam uns sete ou oito vendedores, comigo puxando a banda. E sem dúvida metade daquele grupo total, uns 27, eram os amorfos. Os que nem seguiam o Nolasco nem agitavam e brigavam contra o "sistema". Os mornos estavam ali claros e bem presentes: eram "medianos" ou, como outros preferem, "medíocres". Eu e meu amigo rebelde, superfrios, tínhamos como objetivo atrair e conquistar a galera do meio, os mornos, pois eles significavam mais comodidade, mais facilidade, e pretendíamos ganhar uma retirada fixa, independente das vendas, pois ali tudo era comissionado. Nós não vendíamos e queríamos reclamar para ter uma "graninha" mesmo sem vender.

A turma do meio também não vendia quase nada, mas o pouco que vendiam, para eles, estava ótimo. Nós odiávamos mesmo eram os quentes e, claro, o melhor dos quentes, o Nolasco. Aquele homem nos incomodava imensamente. Era simpático, falante, alegre. Todo dia trazia um contrato. Ganhava muitíssimo bem. Mas nós, os frios, o difamávamos nas fofocas pelos cantos da empresa. Na época, não havia redes sociais, então a fofoca e o bullying tinham velocidade e destruição mais limitadas. Era no boca a boca mesmo. Dizíamos que ele era favorecido, que recebia clientes que já queriam fazer contratos, que o gerente gostava dele e que tinham acordos etc.

Estou expondo uma situação pessoal para cutucar a sua reflexão. Num primeiro emprego, quarenta vendedores, exatamente a curva dos índices de Goleman. E como nos comportávamos? Por afinidades. Nós, os frios, éramos rebeldes e incomodados, claro. Queríamos também ganhar dinheiro e ser considerados bem-sucedidos, mas enfrentávamos esse incômodo profissional com estratégias totalmente equivocadas. Atacávamos os bem-sucedidos e negávamos os procedimentos técnicos e do conhecimento de uma profissão, naquele caso, a de vendedor.

Para ser um bom vendedor, é preciso conquistar, trazer resultados, pois se é avaliado diariamente por métricas cada vez mais detalhadas. E, ainda mais, grandes vendedores aprendem a "incomodar gostoso" seus clientes para que venham a fazer o que precisa ser feito – ou seja, comprar.

No meu primeiro emprego, a turma do meio, os mornos, não faziam isso, eram acomodados. Ganhavam pouco, mas dava para o gasto. Nem se entusiasmavam com o Nolasco nem queriam saber de fazer parte da "resistência", dos pseudoterroristas em ação.

Um dia, John, fundador e dono da empresa, olhou para mim e disse: "Rapaz, gosto de você. Você pode ser um grande profissional. Basta ver o mundo aqui da empresa de outro jeito. Você tem força, é bravo. Vou demitir uns dez vendedores aí que não vendem nada para ninguém. E seu nome está na lista. Mas te dou uma chance, vá ver como o Nolasco trabalha. Olhe para ele. Admire esse homem e você vai ser também um ótimo profissional, além de boa pessoa".

Na época, não sei por quê, substituí minha rebeldia por esse conselho do John. Então, o poder do incômodo, que me jogava para baixo, impactou minhas decisões: ao olhar com humildade aquele grande vendedor, fiquei devidamente incomodado. Ele era simples. Não tinha curso superior nem nenhum saber espetacular. Ele não tinha nenhum discurso genial e de intelectualidade ao falar com os clientes, então por que ele tinha tanto sucesso? Aí tocou um dos primeiros sinos, uma campainha, um clique do bom incômodo ou um rugido de uma fera dentro do meu cérebro para um despertar da consciência: nos transformaremos na qualidade das pessoas que profundamente observarmos e admirarmos.

Mas, se é tão simples, por que a imensa maioria não aproveita imediatamente os Nolascos da vida que nos dão aulas gratuitas em todos os lugares do mundo? Consigo explicar com a experiência vivida: porque uns lidam com os incômodos de forma errada. Oferecem respostas equivocadas que aumentam ainda mais as dores e os sofrimentos, sofrem e terminam por fazer sofrer as pessoas que os amam e, pior até, exportam sofrimento para pessoas amadas, como familiares, filhas e filhos. Mas, entre esses, existe nervosismo. Tônus vital. É possível converter frios em quentes, conquistar guerreiros e aliados para as forças positivas, sintrópicas e altruístas da humanidade.

E os mornos, essa talvez metade da população do planeta que caminha para 10 bilhões nos próximos trinta anos? Eles são incomodados? Claro que sim. E agora, com a difusão das redes sociais, os incômodos afloram a cada segundo nos celulares. Mas como reagem perante esse caldeirão fervente de incômodos do viver? Umberto Eco, numa reunião no Instituto de Tecnologia de Massachusetts (MIT), ao lado de Nicholas Negroponte, nos disse: se transformam em *lumpens digitales*. Quer dizer, surfam apenas a superfície das redes e são levados de *game* em *game*, de *post* em *post*, para um vazio existencial inadmissível. Esses são os mornos internáuticos do novo mundo. Cresce a curva de suicídios, de depressão.

Com a ciência da saúde humana, não morremos mais em média aos 60 ou 70 anos e ultrapassamos, por vezes, 100 anos. Então imagine uma vida morna que não acaba mais tão cedo. Com o passar dos anos, vai ficando insuportável? E as cobranças em volta? Filhos criados por pais mornos? Casamentos vivenciados numa "mornalidade" do pior dos banhos-marias. Os mornos padecerão de incômodos ignorados por eles, talvez no pior de todos os tormentos: o remorso.

E os frios? Esses utilizam os mesmos instrumentos para instilar de maneira muito mais forte do que à moda antiga, no boca a boca do bairro ou da empresa onde trabalhava, os venenos da agressividade – o universo da "desinformação" (*fake news* virtuais) que a tudo amplia, generaliza, distorce e elimina, fazendo da arte ética da comunicação a mais brutal de todas as ameaças contemporâneas para a manipulação de mentes e massas humanas. Os frios, porém, são agitados. Podem não guerrear pelo bem, mas de alguma forma estão vivos e visíveis no grande palco do viver.

Portanto, eu me preocupo com os "mornos". Vamos para exemplos que incomodam os quentes, os engajados. Eu conheço e você conhece, na vida do dia a dia, um pai com um filho de 40 anos que não faz nada, não tem trabalho algum, mas vive feliz. Um marido que resolveu parar com tudo, se instalou em casa, vive às custas da esposa, que se desdobra – ele não reclama e diz para todo mundo que está feliz da vida! Os alunos da classe da faculdade que fazem o que dá para o gasto, não participam, não são brilhantes, muito menos rebeldes. São quietos e passivos. Os funcionários da empresa que chegam na hora certa, saem na hora certa, não reclamam, fazem o que são mandados fazer, produzem sempre na média e não têm interesse em crescer, muito menos em atuar em algum grupo de desenvolvimento – galera morna.

Um pessoal de vendas, comissionado, que, se a empresa passa a taxa de comissão de 5% para 10%, simplesmente venderá menos, pois está contente com o que ganhava quando a taxa era menor.

Aquele grupo que, após um trauma, não se rebela nem cria a partir do terrível incômodo passado. Fica no meio dos processos, esperando receber as migalhas e apoiando rebeldes que vão atrás de indenizações enquanto o tempo passa, passa, e suas lamúrias terminam por ser o único som das suas vidas.

Os mornos, os turistas, segundo Goleman, são a nossa grande batalha agora voltada ao próximo século. Temos que lidar com o peso dos que não assumem os "cálices" das suas vidas, suas missões, os medianos, medíocres. Temos de cooptar os batalhões de resignados.

CAPÍTULO 5

Por que vivemos assim?

"NÃO SUPERAR REVELA NO ÁPICE DA CONDIÇÃO HUMANA A MAIS AMPLA DE TODAS AS HUMILHAÇÕES, POIS REPRESENTARÁ SE RENDER AO MOVIMENTO DA NATUREZA HUMANA, DO VIVER, OU SEJA, O MAL MORAL MAIS CRUEL."

Edgar Morin

5

Para Edgar Morin, filósofo e educador francês, a tendência ao morno, ou seja, à acomodação e à não reação aos incômodos do viver é o mal moral mais cruel. É como um ser vegetal: sua vida está definida exclusivamente pelo conjunto de seu equipamento genético. Submissão total ao ambiente e à circunstância dada, quando a vida exige a consciência da condição humana. Somos educados para as certezas, quando viver é pleno de incertezas.

O enfrentamento das imperfeições que se apresentam como constantes e permanentes incertezas faz da captura dos sinais dos incômodos não apenas algo que nos permitirá reagir quando incomodados, mas funciona como aviso antecipado de que a vida e os sistemas que a envolvem nos oferecem para a inteligência preventiva das estratégias humanas.

Dessa forma, não devemos nos surpreender com a maioria das pessoas vivendo vidas mornas e amorfas. Faz parte da natureza, que termina por encontrar no próprio sistema as suas forças transformadoras. Basta estudarmos as forças entrópicas do Universo e sua força criadora como renascimento após o caos e a crise dos fenômenos observados para confirmar isso. Porém somos humanos, pensamos e não queremos levar mais cem séculos para aprender e fazer o que podemos já dominar agora.

Perante uma enxurrada de incômodos, por que a humanidade não evolui em velocidade muito mais acentuada? É o que acontece na tecnologia, por exemplo. Os cientistas reagem em velocidade aos incômodos das dores, das doenças, da investigação espacial, da agricultura, das vacinas. Quem gosta do passado entra numa máquina do tempo e vai em um dentista setenta anos atrás? Ou toma uma anestesia de cinquenta anos antes?

Apesar de toda essa velocidade, veja que coisa maluca: o maior matador universal ainda é um mosquito, ainda temos gente que morre de febre amarela, sarampo e tuberculose. E o mais incômodo é que, com toda a ciência, pessoas ainda se negam, por exemplo, a fazer transfusões de sangue. Mas dramático mesmo é o campo comportamental e atitudinal da ética humana, já que as mesmas coisas que inspiraram as tragédias gregas, os ambientes da corte romana ou os textos teatrais russos, ingleses ou brasileiros continuam vivas e ativas milênios depois.

O imperador romano Marco Aurélio quase perdeu seu reino por causa de uma *fake news* (disseram que ele havia morrido numa batalha distante de Roma, mas era mentira). A única coisa que mudou é que as *fake news* do passado levavam anos para chegar e outros anos para ser desmentidas. Agora vivemos isso na velocidade do segundo, do instante.

Ou seja: muita mudança em ciência e tecnologia e uma "mornalidade" horripilante no comportamento, atitude, e não aprendizado nas causas e coisas das ciências humanas. Ao ler e reler filósofos, educadores, pedagogos, psicanalistas, psicólogos, lá estão os registros dessas questões, mas não temos o tempo da natureza para resolver os impactantes e poderosos incômodos das relações humanas e da guerra deste século – a desigualdade. Por isso, quero explodir a droga da vida comum, de ser um acomodado e de achar que a vida não me sorriu. Não importa de onde você veio, o que aconteceu com você, se tem pai, mãe, se é órfão. O que interessa é que, quanto maior o tamanho do

> Não devemos nos surpreender com a maioria das pessoas vivendo vidas mornas e amorfas. Faz parte da natureza, que termina por encontrar no próprio sistema as suas forças transformadoras.

incômodo que o pegou, mais poderosa será a sua personalidade. Claro, desde que agradeça a esse megaincômodo e faça o que tem de ser feito.

Um legítimo cristão ama o seu cálice. Chico Xavier, um espírita evoluído, perguntava: "Por que você pede privilégios se Cristo foi crucificado, supliciado, praticamente só e abandonado, morto entre dois ladrões com uma coroa cravejada de espinhos e não reclamou?".

Ah, Tejon, não estou aqui para ficar procurando o sofrimento. Ok, adoro essa visão! Isso mesmo: essas pessoas que criam, inventam e procuram sofrimentos e incômodos onde eles não estão são as que precisamos transformar e delas cuidar.

Temos vários tipos de incômodo. E infelizmente misturar e confundir legítimas provocações incomodantes e transformadoras, e com potencial ascensional, com outras falsas e ilusórias é algo para ser explodido imediatamente. Tenho aqui uma lista de incômodos idiotas da pior espécie:

→ **INCÔMODOS MOSCA:** pequeninos e desprezíveis, ficam zumbindo no seu cérebro o tempo todo. Se deixarmos, tomam proporções gigantescas, e assim podemos viver como Dom Quixote, lutando contra moinhos de vento, acreditando serem gigantes e poderosos inimigos. É como Raul Seixas cantou: "Eu sou a mosca que pousou na sua sopa, eu sou a mosca que pintou pra lhe abusar. Porque cê mata uma e vem a outra em meu lugar".

→ **INCÔMODOS COITADINHOS:** são os incômodos que habitam nossa mente, como "autopreconceitos" amplificados pela nossa baixa autoestima e visão de mundo. Fernando Pessoa escreveu: "Da minha aldeia vejo quanto da terra se pode ver do Universo.../ Por isso, a minha aldeia é tão grande como outra terra qualquer,/ Porque eu sou do tamanho que vejo/ E não do tamanho da minha altura".[13]

---
13 PESSOA, Fernando. "Guardador de Rebanhos". *In:* **Poemas de Alberto Caeiro.** 10. ed. Lisboa: Ática, 1993. p. 32.

- **INCÔMODOS MURRO EM PONTA DE FACA:** são fundamentados nas forças ilusórias. Por exemplo: a pessoa é ótima profissional, mas, toda vez que é promovida para gerente, comete e repete os mesmos erros de arrogância, altivez, pois se crê humanamente superior aos demais, numa falsa visão de si mesmo. E assim segue, sem aprender as lições das legítimas causas das interrupções do seu progresso na vida. São pessoas apaixonadas pela imagem de si mesmas refletida na lâmina de água das fontes, terminam frustradas como narcisos inviáveis. Liderei milhares de seres humanos na minha experiência como executivo, acadêmico, professor. Recordo-me de casos em que extraordinários profissionais sob o ponto de vista técnico, quando elevados a cargos de liderança, causavam a impossibilidade da ascensão das suas carreiras. Repetiam erros, sempre os mesmos. Davam murro em ponta de faca. E, mesmo sob orientação, avisos, alertas, não adiantava. Mais cedo ou mais tarde, cometiam os mesmos fundamentos que viravam, obviamente, insucesso.

- **INCÔMODOS DE VALORES:** são terrivelmente poderosos, para o bem ou para o mal. Estão relacionados a crenças, interpretação de moral e ética, ao código de conduta de um grupo social. Esses incômodos nos levam a julgar facilmente pelas aparências, julgar gênero, raças, religiões. Somos incomodados a cada instante em função do nosso mapa de visão de mundo. Há um encadeamento de valores que decidem e definem nossas vidas. Existem uns poucos valores que me parecem eternos e imutáveis. Porém, a inflexibilidade para um olhar sobre a diversidade dos valores pode atrapalhar nossas reações e mesmo nosso sucesso na vida. A empatia é um valor fundamental, por exemplo, na arte da educação. Hoje, na minha sala de aula, num programa internacional, tenho alunos de todas as partes do mundo. Sem empatia, um valor de me colocar sob os seus pontos de vista, fecho as portas do que seria uma educação transformadora.

Agora, os valores de outras culturas nos incomodam? Sim, e muito. Os valores de outras religiões? São diferentes. Mas exatamente por isso nos permitem ampliar o universo criativo dentro de nós. De novo, não esqueça, sempre leia "incômodos" como provocações que nos permitem agir e encontrar caminhos positivos nas nossas respostas.

E observe: quando você resolve dentro de si algo que o incomodava, seja criar alguma coisa, seja se desfazer de um dilema, você explode em satisfação e alegria. Dá uma sensação de que nascemos novamente. Para os valores que segregam pessoas, é vital desenvolver a empatia e a consciência de que não existe perfeição, e apenas na via do amor vamos elaborar aperfeiçoamento da sociedade e da civilização na Terra. Exterminar algo ou alguém, na ideia de que ao fazer isso estaríamos a serviço da "verdade", é a maior de todas as mentiras.

→ **INCÔMODOS *FAKE NEWS*:** o virtual que vira "real"; são uma arma letal que se espraia na velocidade da luz, transformando a sanguinidade vampiresca dos terroristas, os frios, numa perseguição e caça aos mornos, à imensa maioria amorfa, alvo dessa vontade sugadora de vidas humanas. O *fake* virtual foi lançado ao planeta numa verdadeira multiplicação de "garrafas de náufragos" jogadas no oceano à espera de serem recolhidas e abertas, ou como reverberantes cantos de sereias conduzindo seus ouvintes ao fundo das fossas abissais mais profundas, e neste exato momento é o incômodo de todos os incômodos. Misturam o mal e o bem e nos obrigarão ao desenvolvimento da ética e da consciência, como resultado dessa estonteante provocação.

Tim Berners Lee, o criador da internet, admite estar profundamente incomodado com o domínio que forças nefastas passaram a fazer do seu invento.[14] Da mesma forma, Santos Dumont, inventor do avião, também não suportou ao ver sua criação usada no Brasil para fins militares e, em 1932, aos 59 anos, se suicidou.

A ciência e a inovação sempre vêm como respostas a incômodos que movimentam a humanidade. Porém a qualidade do seu uso dependerá do desenvolvimento filosófico, ético e espiritual de todos nós. Portanto, ou educamos a gigantesca maioria das populações da Terra ou consequências graves e aceleradas advirão. Então, de olho na turma do meio, mas chamando a responsabilidade das lideranças e dos engajados que vão à frente do seu tempo. Não podemos deixar ninguém para trás, pois o século XXI é o século da cooperação. A grande luta das forças destruidoras *versus* criadoras na Terra. Bem-vindos, guerreiras e guerreiros!

Agora, temos incômodos poderosos que surgem do inevitável sistema do universo imperfeito em que vivemos. Iniciei este livro antes da covid-19 e o estou finalizando dez meses após seu primeiro registro. Que surpreendente ter pensado num livro sobre "o poder do incômodo" e, de repente, estar vivendo um incômodo entrópico, apocalíptico, de gigantesca proporção, o maior na sua categoria desde 1918, quando da gripe espanhola. Este laboratório vivo da pandemia de covid-19 nos traz a experiência concreta dos efeitos de um imenso incômodo para toda a vida na Terra, e como atua sobre cada um de nós e das lideranças existentes. Quais vão superar esta pandemia?

Freud já disse que viver exige enfrentar diversas incertezas e inseguranças, a própria natureza com suas catástrofes, a fragilidade de cada um de nós, doenças, acidentes. Não temos certeza da vida no próximo minuto, e também a imprecisão e imperfeição dos sistemas de governo, poder político, legais. Então vêm aí os

---

[14] REUTERS. Aos 30 anos web precisa amadurecer, diz Berners Lee. **O Estado de S. Paulo**, 12 mar. 2019. Disponível em: https://link.estadao.com.br/noticias/cultura-digital,aos-30-anos-web-precisa-amadurecer-diz-tim-berners-lee,70002752157. Acesso em: 11 dez. 2020.

CAPÍTULO 5 **POR QUE VIVEMOS ASSIM?**

Freud já disse que viver exige enfrentar diversas incertezas e inseguranças, a própria natureza com suas catástrofes, a fragilidade de cada um de nós, doenças, acidentes.

incômodos entrópicos, os apocalípticos. Aqueles grandes que nos pegam mesmo. Guerras, acidentes graves, deformidades genéticas, miséria e pobreza, pestes.

No exato momento em que escrevo este livro, vejo parte da África com uma infestação de gafanhotos. Sim, os mesmos velhos e bíblicos gafanhotos, a praga, uma invasão que destrói e come tudo por onde passa. E há, nesse caso, duas razões, uma da natureza e outra da humanidade. Ciclones consideráveis varreram a região em 2018 e 2019, e a guerra civil na área, como na Somália, fez com que o combate aos gafanhotos escasseasse. Estávamos em 2020, e uma praga bíblica, o gafanhoto, continua varrendo áreas imensas, com uma voracidade descomunal. É mais um megaincômodo apocalíptico.

Esses tipos de incômodo arrasam muita gente, porém podem criar os seres humanos mais fortes do mundo. Eis aí a questão: temos tecnologia abundante e dinheiro do Banco Mundial à disposição para o combate a esse tipo de praga, mas ele não é usado. Que incômodo é esse de pragas como o gafanhoto destruírem vidas em uma era de inteligência artificial disponível? Fazemos o que com esse incômodo? Precisamos partir para os próximos, os que resolvem os incômodos divinos.

Esses, os divinos, os sintrópicos, são o poder criador que está em tudo e que significa uma possibilidade da vitória humana, superando a necessidade de destruição para obter a nova criação. Serão, por exemplo, a fórmula da superação da covid-19.

Ciência, disciplina, humanismo, cooperativismo, educação para a nova geração.

Dificilmente teremos condição de nos recriarmos como civilização e humanidade se não atuarmos sintropicamente nos aspectos de mudanças climáticas, sustentabilidade, desperdício, proteção do invólucro frágil da nossa atmosfera, biomas e diversidades. Pergunto: qual o valor de mercado de uma Amazônia? O PIB do planeta estará na casa de 100 trilhões de dólares. Estados Unidos têm 21,43 trilhões; a China, aproximadamente 15 trilhões. A Apple, enquanto escrevo este livro, foi avaliada em 1,9 trilhão de dólares, mais do que o PIB do Brasil. Transformar a vida viva da Amazônia, por exemplo, em riqueza e dignidade para todos é missão de uma liderança "sintrópica", criadora e digna. Se a Amazônia se valesse de apenas 10% do total do PIB do mundo, significaria algo de 8 a 10 trilhões de dólares. Quer dizer, no mínimo cinco vezes mais do que tudo o que o Brasil produz hoje. É possível? Claro. Andamos incomodados com as questões do meio ambiente, que cada vez mais serão fundamentais e pertinentes.

A existência no Brasil, por exemplo, de um banco de recursos genéticos vegetal, animal e de micro-organismos, o quinto maior do mundo, é uma resposta "divina" a um enorme risco de um incômodo entrópico e apocalíptico. Há 40 milhões de anos, um meteoro destruiu a vida na Terra. A despeito de tudo isso, a Terra se recriou.

Desse gigantesco incômodo jurássico, fez-se a nossa civilização. Levou milhões de anos, mas impactos como esses, do ângulo errático das imperfeições universais, estão potencialmente presentes o tempo todo. Se tivermos essa consciência, tomaremos medidas preventivas, acionaremos o lado mais nobre de cada um de nós.

→ **INCÔMODOS DE VALORES ÉTICOS:** representam a forma como nos conduzimos, nos comportamos e interagimos com os outros e o meio ambiente. Incluem aspectos da moral, como Hegel apontou:

"Moral objetiva – obediência às leis morais da sociedade. E moral subjetiva – cumprimento de um dever pelo ato da sua vontade". Moral vem do latim *"mos"* ou *"mores"*, que significa costumes. A ética, por sua vez, engloba princípios morais que orientam a conduta humana. Assim, dilemas éticos envolvem princípios morais. Então, moral é a orientação comportamental, normas que são instituídas pela sociedade e determinado grupo social, e a ética julga o comportamento moral de cada indivíduo no seu meio.

Os valores éticos e morais de grupos, sociedades, entidades e instituições muitas vezes se contrapõem, e o que é aceito em uma cultura pode não ser admitido em outra. A ética do leão é comer o gnu. A ética do gnu é não se deixar comer pelo leão. Os incômodos éticos estão no nosso cotidiano e têm sido cada vez mais relativizados pelo acesso quase que total às redes sociais, numa interação midiática nunca vista na história humana.

Tomemos como exemplo a minha aluna que se suicidou por um casamento intercasta; para mim, esse ato não era moral nem ético. Para ela, na sua cultura e crenças, era. Porém, julgamentos bem menores nos trazem incômodos perturbadores no dia a dia.

Uma mulher pedindo esmola com uma criança no colo, por exemplo. Devo dar esmola? É certo ou errado? Ajudo na alimentação daquela criança ou estimulo a deseducação para o trabalho? Devo ser exigente na educação dos meus filhos, mostrar os vários ângulos do mundo lá fora e prepará-los para sua independência logo cedo ou devo protegê-los de um mundo que também é cruel? Devo julgar os menores infratores por seus atos ou devo julgar toda a sociedade como corresponsável pela criminalidade infantil? Devo esconder um ato errado de um filho ou devo expor a situação para que seja enfrentada abertamente?

Um dia, quando tinha uns 12 anos, apareci em casa com uns chocolates no bolso. Fui com meus amigos da rua a uma padaria, a Roxy, que existe até hoje, tradicionalíssima da cidade de Santos, onde passei a infância. Entramos no estabelecimento e "passamos a mão" em uns chocolates sem que o dono visse. Quando meu pai viu tais doces, perguntou como eu tinha adquirido aquilo. Eu disse que meus amigos tinham pegado na padaria e me dado alguns. Imediatamente, meu pai me levou até a padaria e me obrigou a devolver os chocolates e pedir perdão ao comerciante. E acrescentou: "Agora, se queres um chocolate, te esforça, trabalha e, com teu dinheiro, deves comprar, nunca pegue o que não te pertence".

Envergonhado, pedi perdão ao homem. Meu pai ainda falou: "Vou comprar esses dois chocolates. Como temos umas entregas para fazer lá do nosso bazar Marape, vais fazer e, por teu trabalho, ganharás estes doces". Nessa hora, o bom homem da panificadora Roxy disse: "Pela tua atitude, menino, teu pai paga um, e te dou o outro, como lembrança para jamais repetires o furto na tua vida". Como tenho dito, são incômodos de valores éticos e, ao conversarmos com eles, ao debatermos essas questões internamente, na nossa vida cotidiana, vamos fazendo um "plano invisível" de escolhas, que termina por influenciar os resultados na nossa vida.

Devo desaparecer das redes sociais, desnorteado pelo burburinho e loucuras humanas, ou organizar fontes e racionalidades com grupos de afinidades? Ou ainda deixar de ser impactado por tudo do mundo virtual e valorizar de novo meus contatos pessoais, os livros e as reflexões profundas?

Com essas seis categorias de incômodos definidas, vamos ver como eles se manifestam dentro de nós. Nossos valores determinarão nossas reações, no tempo de uma vida, a todos esses poderosos incômodos. Por isso, atenção total a como pensamos. Quando acuso alguém de outro grupo como responsável pela desgraça do mundo, vale rever o meu código de valores. Algo está errado. Demorou, mas aprendi: não coloco mais a culpa em ninguém, por nada da minha vida. Sou eu o responsável. Eu sou o responsável dentro da nossa sociedade, do país. Isso me ajuda a eliminar aqueles incômodos fruto das ilusões, os falsos incômodos, e não os que são fruto de sonhos legítimos.

→ **OS INCÔMODOS LEGÍTIMOS:** são os que podem nos oxigenar e aproximar do que disse o neuropsiquiatra austríaco Viktor Frankl ao sair de um terrível laboratório de extermínio humano, um campo de concentração nazista: "Quando tivermos um sentido pelo qual vale a pena viver, descobriremos como fazer. O ser humano se transforma na causa que faz de si mesmo".[15]

Grandes e poderosos incômodos nos motivam ao limite inimaginável de forças impensáveis. Assim sendo, digo a você: quando alguém me fala que algo é impossível, mais eu creio na sua total possibilidade.

Agora, vamos à luta. Você, um engajado, um quente lendo este livro, deve estar pensando como fazer para aquecer um morno e trazer um frio rebelde e rabugento para lutar por uma causa que valha a pena. O segredo é nutrir a indignação, cobrar atitude. Lembro-me de quando li o conto "A legião estranha", de Clarice Lispector, e meu incômodo ao imaginar a cena do pintinho assustado – enquanto os adultos são "resignados e constrangidos", justificando sua falta de atitude perante o sofrimento do animal porque "as coisas são assim", as crianças, indignadas, rebeldes, cobram-lhes atitudes. Desse incômodo, tirei um grande ensinamento: só existem duas formas de viver, como rebeldes ou como resignados.

Lembre que a boa rebeldia nos conduz à criação. A má rebeldia, à destruição. Porém a omissão, o abandono e o autoabandono dos resignados definem o pêndulo da marcha da humanidade na luta da civilização *versus* a barbárie. E, num âmbito mais próximo de cada um de nós, definem a felicidade ou a infelicidade.

Esses dias, um querido amigo meu de juventude, Francisco Barbosa, o Bardhal, me mandou uma mensagem de voz: "Saí do Facebook. Não aguento mais esse universo horrível. Brigas de pessoas, ataques. Ou você é Bolsonaro ou é Lula. Não quero ser nenhum

---
[15] FRANKL, Viktor. **Em busca de sentido**: um psicólogo no campo de concentração. São Paulo: Vozes, 2017.

dos dois. Eu desisto. Quero ir embora do Brasil. Vou ficar mais restrito, mais seletivo".

Em meio à escrita deste livro, em Nantes, parei e pensei. Que bom. Meu amigo está incomodado. Vou falar com ele. E respondi a mensagem: "Amigo, não adianta fugir do Brasil. O mundo está muito parecido em todos os lugares. Aqui as coisas também não são nenhum paraíso. Mas o Brasil é bom. Gosto mesmo é quando o avião pousa lá no Aeroporto Internacional de Guarulhos, em São Paulo. Temos muita luta para lutar. Não desista, amado amigo. Embora afastar-se um pouco da paranoia midiática social seja muito bom.

"Ah... e para o seu neto, Frederico, o Bardhalzinho, diga que sim, o estudo é tudo. Estudar, ler e saber que viver será sempre lutar."

Viva os incômodos, que nos reativam. Vamos juntos. Ao ataque. Vamos esfarelar os incômodos. Separar o joio do trigo e, do trigo, fazer o mais gostoso pão, exatamente como o da Gemel, no bairro do Paraíso, em São Paulo, a minha padaria preferida.

Grandes e poderosos incômodos nos motivam ao limite inimaginável de forças impensáveis. Assim sendo, digo a você: quando alguém me fala que algo é impossível, mais eu creio na sua total possibilidade.

CAPÍTULO 6

Os incômodos são as alavancas para as transformações que você quer ou de que precisa

"AS PESSOAS QUE
TENTAM TORNAR ESTE
MUNDO PIOR NÃO
TIRAM UM DIA DE FOLGA.
COMO EU VOU TIRAR?!"

Bob Marley

6

Para quem gosta da Bíblia, vale refletir: Adão e Eva criaram um incômodo que eu chamaria de "incômodo original". A desobediência do casal, comendo do fruto proibido, deixou Deus furioso, a ponto de expulsar os dois do Paraíso e dizer-lhes um monte de coisas gigantescamente incomodantes. Numa espécie de dor de parto atroz, tiveram de ganhar a vida com o suor do seu sangue.

Ao ler essa passagem, observei que tanto Adão quanto Eva não tiveram nenhuma altivez e solidariedade quando Deus, enfurecido, perguntou por que Adão havia comido do fruto. Adão imediatamente entregou Eva, enquanto podia ter poupado a companheira, assumindo a responsabilidade, talvez. E Eva, quando Deus lhe perguntou o mesmo, também não pensou muito: entregou a cobra. E para cima da cobra vieram mais fúrias divinas, como a história de se arrastar pela eternidade, sentir o asco e o repúdio de todos, entre outras coisas. O Paraíso, que poderia eliminar a existência deste livro se Adão e Eva tivessem se comportado corretamente, foi, para nossos amigos mais religiosos, a origem de um processo interminável de poderosos "incômodos".

Mas e para os não religiosos, os ateus? Os que têm a visão exclusivamente evolucionista? Vale o mesmo: a evolução só ocorreu às custas de desgraças, fome, falta de água e comida, predadores e da luta entre as espécies, algo que Darwin e outros estudiosos da evolução entendiam e afirmam: "não eram os mais fortes que sobreviviam, e sim os que se adaptavam com maior facilidade e velocidade". Ou seja, dá-lhe incômodo! Porém, como já comentei neste livro, o ser humano pode se adaptar, porém não deve se acomodar na adaptação. Precisa criar novas circunstâncias, novas realidades.

Neuroespecialistas e geneticistas dizem que precisamos incomodar nossas células todos os dias. Por quê? Se elas ficarem frouxas, muito acomodadas, como se reproduzem diariamente (morrem e nascem novas todo dia), as novinhas virão mais frágeis, menos preparadas para os inevitáveis incômodos que certamente ocorrerão. Assim ocorrendo, a pessoa terá uma maior fragilidade contra doenças, ocorrências e menor preparo para os enfrentamentos competitivos e intelectuais do aprender a aprender todos os dias.

Um bom exemplo de gigantesco poder do incômodo é aquele que movimentou por anos a pesquisadora húngara Katalin Karikó. Hoje é aclamada como a cientista que abriu o caminho para os imunizantes contra coronavírus. Superou décadas de descrédito por quem achava que suas pesquisas não tinham futuro. E declarou agora, apesar do reconhecimento à sua obra, que só irá "celebrar quando todo esse sofrimento humano e esses tempos terríveis acabarem".[16]

AS SETE CATEGORIAS DO PODER DO INCÔMODO

O poder do incômodo se divide em sete categorias ou divisões de dimensões diversas. E quero separar o que é fruto ou alvo da ilusão do que é originado pelo sonho. Configuro esses dois aspectos da seguinte forma, como registrei no meu livro *O beijo na realidade* (Editora Gente): sonho é um desejo legítimo e veemente, enquanto ilusão é um engano dos sentidos e da mente. Como separar um do outro? Sonho é o que você faz com a realidade enquanto sonha (protagonista, agente, *change maker*), e ilusão é o que a realidade faz com você enquanto você se ilude.

Todos eles exigirão de nós capacidade de análise, julgamento, ótimas conversas e discussões com amigos iguais a nós, mas – atenção

---

[16] VIEIRA, Vitor. Depois de décadas de descrédito, bioquímica húngara Katalin Karikó ganha fama com a revolucionária técina da vacina BioNTech. **Videversus**. Disponível em: https://vitorvieira.substack.com/p/depois-de-dcadas-de-descrdito-bioqumica. Acesso em: 15 jan. 2021.

– também com potenciais amigos "desiguais" a nós. Quanto mais somos tomados pelos incômodos ilusionistas, mais resultados são acumulados pela lei da entropia. O caos se alimenta da avalanche das ilusões.

Segundo a lei universal do caos, no Universo, estrelas morrem, galáxias colidem, meteoros bombardeiam planetas e satélites. O buraco negro absorve energia e come tudo ao seu redor. Porém, dessas forças entrópicas, nascem mundos novos. Nunca podemos nos esquecer de que existimos graças ao Big Bang. A grande explosão. Como recebemos um cérebro pensante, podemos prever e prevenir as consequências que nos levam ao caos na vida, nos negócios e nos governos.

E a correção dessa rota exige criação e consideração ao mais ínfimo grão de areia, ao neutrino, a menor partícula conhecida na natureza. Desconsiderar partes que compõem o todo trará graves consequências com o tempo. E isso, trazido para a vida na Terra, é dramaticamente vital. Assim, sempre considero as cooperativas que atuam dentro dos rigores filosóficos que as fizeram existir um rico exemplo da possibilidade humana de fazer de severos incômodos entrópicos poderosos sistemas criadores de dignidade de vida para todos.

Então vamos lá: como identificar e trabalhar o aperfeiçoamento ou a transformação de todos os incômodos em alavancas divinas de superação ética e digna em tudo o que formos realizar e viver?

Iniciamos abandonando o "ou" e assumindo o "e".

1. INCÔMODOS "VALORES"

Julgamentos do que fazer ou não fazer. São frequentes e nos aparecem todos os dias. Poderia iniciar dizendo que este incômodo, o número um, é o incômodo de todos os incômodos. Define como pensamos, e a sua hierarquia, estabelecida na mente, nos domina. Dessa forma, quero incomodá-lo intensamente propondo uma reflexão sobre os valores humanos.

Uma mãe com uma filha me diz: "Minha filha de 21 anos quer viver sozinha e do jeito que ela quer. Brigamos todos os dias. O que devo fazer?".

Desconsiderar partes que compõem o todo trará graves consequências com o tempo. E isso, trazido para a vida na Terra, é dramaticamente vital.

Um querido amigo me confessa: "Estou casado há vinte anos, tenho amor pela minha esposa, mas me apaixonei perdidamente por outra pessoa. Não consigo dormir, o que devo fazer?".

Outro confessa: "Vejo uma coisa errada se repetir todos os dias na empresa em que trabalho. Devo levantar a questão, falar com as lideranças ou deixar para lá para não arrumar encrenca?".

Ou ainda: "Estou trabalhando desmotivada em um serviço público onde quem quer fazer alguma coisa muitas vezes é malvisto. Não tenho prazer nenhum em ir trabalhar. Já estou perto da aposentadoria, vou levando. O que faço?".

"Um colega foi julgado equivocadamente na empresa e punido sem merecer. Devo levantar a voz ou me calar?"

"Não consigo legalizar meu estabelecimento comercial, mas aprendi um truque dando entrada nova no alvará e vou levando. Continuo assim?"

E assim vai...

Como vemos, os incômodos por "valores" são muito perturbadores. A todo dia, todo instante e toda hora, nos atormentam. E, ao nos incomodarem, ou nos acionam a campainha de ficarmos indignados ou então soa a melodia lenta e calma da resignação.

Um jovem fazendo de conta que dorme no assento destinado aos idosos no metrô! Acordo-o e peço que se levante? Ou deixo para lá, pois vou descer na próxima estação e não quero arrumar confusão?

Um casamento iminente com uma mulher linda por quem me apaixonei. Não é perfeita, tudo bem, ninguém é, mas agora revela ser preguiçosa e não trabalha mais. Odeio quem não se mexe e não trabalha. O que faço?

CAPÍTULO 6 OS INCÔMODOS SÃO AS ALAVANCAS

Agora quero saber de você, leitor. Relacione três incômodos por "valores" que incomodam bastante sua vida e com os quais toda noite você acaba dormindo. Escreva. Alguém que o incomoda todo santo dia com um comportamento que você não suporta. Um companheiro ou companheira muito avarento, mesquinho, insuportavelmente pão-duro. Uma pessoa que julga todo mundo, coloca defeito em tudo, com quem não dá para conversar, mas de quem você não consegue escapar. Você teria condições de ganhar muito mais com seu talento, mas adora onde está e também ama participar de ações do voluntariado, porém nunca tem dinheiro. Você é empresário, tem um funcionário incapaz e que não quer aprender, mas tem pena dele e não o demite por fraternidade.

Vamos lá. Registre os três que mais incomodam e vamos, até o fim deste livro, resolver esse conflito. E lembre-se: incômodos não significam o mal. Representam bons conflitos para dialogarmos conosco e superarmos muitas fraquezas e medos. Não existem respostas fáceis. O certo e o errado, no dia a dia, determinam, sim, a trilha invisível do resultado das nossas vidas. A partir desses três incômodos de valor que você registrou, vamos eliminar as mesmas armadilhas que retornarão a aparecer nos nossos caminhos. Elas estão lá. Nosso foco inconsciente as procura. Deixe-me ajudar colocando três exemplos de incômodos "valores" com os quais já me debati na vida, que foram fortes e me marcaram muito:

» Ser a única voz que se levantou para decidir o destino de uma grande empresa, contra a opinião de todos da diretoria, que se omitiam e colocavam a culpa e a responsabilidade pelo fracasso em fatores incontroláveis e nos funcionários da empresa.
» Ser solidário a uma atriz, num grupo teatral de muito sucesso, que estava sendo expulsa errada e injustamente por malevolência e preconceito de gênero de alguns. Pedi minha expulsão conjunta, em solidariedade.
» Ao ser informado de que seria pai precocemente, aos 22 anos, parti para a luta, para o trabalho e assumi todas as responsabilidades

financeiras e de bem-estar de uma nova família, para a qual, na época, estava totalmente despreparado.

Ao enfrentar tais incômodos de valores, minha vida se transformou para melhor, em todas as três questões.

Conheci John Grinder, que criou a programação neurolinguística ao lado de Richard Bandler. Participamos de seminários nos Estados Unidos, e o recebi no Brasil, na sede do jornal *O Estado de S. Paulo*, quando eu dirigia a operação da Oesp Mídia. John me disse que a "hierarquia" dos valores instalada em um cérebro humano decide na velocidade da luz suas decisões e, consequentemente, os resultados da sua vida. Identificar o código de valores é uma ignição que nos conduz à vitalidade, como quando damos a partida no carro. Portanto, aprender a "reorganizar" a hierarquia de valores que priorizam o pensamento e ação de um ser humano é um maravilhoso incômodo que termina por impactar nossas ações perante todos os demais incômodos aqui descritos.

E valores são o resultado da educação e da construção do caráter. John me dizia que conhece pesquisadores, técnicos, professores absolutamente espetaculares, mas que mal têm dinheiro para se sustentar. Isso significa que o item "dinheiro" está bem embaixo na sua hierarquia de valores. Ao contrário, tem gente que só pensa em dinheiro e, se não tiver mais dois ou três pontos consistentes, como criatividade, engajamento, trabalho, viverá grandes frustrações. Outros não conseguem terminar nada que começam. Outros ainda constroem, mas matam suas criaturas.

E, mesmo nos grandes incômodos entrópicos e apocalípticos, observamos que seres humanos agem distintamente perante a crise, seguindo sua hierarquia e qualidade de valores. A ausência de valores morais, éticos, altruístas e a existência apenas de valores voltados à busca do sucesso geram o mau caráter e explicam criminosos e corruptos. Portanto, não existem "maus valores". Pode existir a ausência de valores de responsabilidade humana perante a sua liberdade.

Dessa forma, uma auditoria na hierarquia dos valores que decidem a cada momento os destinos de uma vida é essencial para educar e liderar. Como tenho enfatizado neste livro, o poder do incômodo incomoda, e isso é ótimo, pois aponta as dores das imperfeições. Assim como os nervos doloridos de um dente diante da água gelada nos avisam para irmos ao dentista, as insatisfações e os efeitos obtidos na vida são reveladores de causas a serem aperfeiçoadas diante das nossas imperfeições, de empresas e até do país onde vivemos.

O mau sinal é não estar incomodado com nada! Estar vivo significa ser impactado por incômodos, tanto os divinos inspiradores, deliciosos para aperfeiçoar os prazeres, quanto os não tão gostosos assim. Agora, muita atenção: não invente incômodo que não é real. Não crie problemas onde não tem. A vida por si só já nos garante e assegura legítimos incômodos com que nos preocuparmos. Não é necessário inventar ou, pior, focar incômodos ridículos que tendem a substituir os verdadeiros, a serem trabalhados, corrigidos e reeducados. E tudo isso começa questionando seus valores, a ética, a moral e o caráter com os quais você olha e julga o mundo.

2. INCÔMODOS MOSCA

Pequeninos e desprezíveis, podem nos transformar em um Dom Quixote lutando contra moinhos de vento, que parecem monstros tenebrosos. Por exemplo, estou na França, num lugar excelente, onde dou aulas todos os anos, normalmente em fevereiro. Muito bem, estávamos almoçando no refeitório dos funcionários da universidade

O mau sinal é não estar incomodado com nada! Estar vivo significa ser impactado por incômodos.

e, numa mesa, um grupo discutia e falava mal da comida do refeitório. Que aquilo não era vida e que estavam muito insatisfeitos com isso. Eu olhei e vi uma comida normal. Nada maravilhoso como de um grande chef, mas ok. Normal. Ali, funcionários de uma ótima universidade estavam destilando um incômodo mosca.

O problema de ser dominado por um incômodo desse tipo é ele cegar, obliterar caminhos outros à disposição. O bullying, que associa o incômodo mosca com o incômodo coitadinho da vitimização, tem um ambiente espetacular para proliferar. Pega-se uma bobagem qualquer, o que poderia ser um defeito em alguma coisa de uma pessoa, defeito esse que não resistiria a nenhuma análise, e pronto: surge um apelido. Isso se transforma num gigantesco incômodo, mesmo não passando de um nada sem sentido. A pessoa tem uma voz meio esganiçada. Pronto, o que pode ser facilmente superado em aulas de teatro aprendendo impostação de voz, se transforma num martírio que, na cabeça daquela pessoa, vira o impeditivo para ter sucesso na vida.

Os incômodos mosca são uma ponta do iceberg do poder do incômodo. Se eles incomodam, representam coisas para serem imediatamente tratadas. Pois são, sim, de fácil resolução. Eu, por exemplo, por um bom tempo, fui frequentador do Hospital Brigadeiro Luiz Antonio, pois realizei uma série de cirurgias com o objetivo de reparar os danos das minhas queimaduras no rosto. Um dia, estava triste, no corredor do hospital, e passou tia Geralda, uma auxiliar de enfermagem inesquecível. Ela olhou para mim e falou: "Menino, você já viu os Beatles? Tem um músico lá, o John Lennon, que usa um óculos genial, redondinho, bonito. Se você usar um desses também, vai ficar lindo". Quer dizer, um incômodo mosca perante os grandes incômodos que eu precisava superar, um olhar sobre mim mesmo, e a inesquecível "tia Geralda" solucionou com a ideia de uns óculos para compor meu figurino e personagem. Ela foi muito mais eficaz do que todos os cirurgiões plásticos por quem passei naqueles anos 1960.

E você aí, qual incômodo mosca precisará explodir? Qual fato da sua história pode trazer na lembrança que você já tenha explodido?

Esses incômodos sempre costumam existir, pois, de tão comuns e simples, surgem diariamente. Vamos lá, registre aí três incômodos mosca que estejam zumbindo na sua orelha agora. Os meus:

» Nesta biblioteca, não se pode respirar mais fundo que alguém já reclama do barulho. Que chato. Essa rigidez me incomoda.
» É insuportável aqui, em Nantes, pegar o trem das 8h às 9h da manhã, um inferno horroroso. Pior do que nosso metrô em São Paulo.
» Eu não devia deixar minha esposa fazer a minha mala de viagem para vir dar aula na Europa. Ela coloca o dobro das coisas, vira um malão e sou eu que tenho que carregar.

Bem, os incômodos mosca são muitos. Eles aparecem, e você deve estapeá-los e mandá-los embora. Mas, se eles permanecerem zumbindo, poderão causar males irremediáveis, como você achar que vai ter um ataque de nervos pelo silêncio da biblioteca, uma doença de coluna pelo tamanho da mala ou, pior, cancelar sua carreira de dar aulas para alunos do mundo todo por achar insuportável um trem cheio de pessoas.

3. INCÔMODOS COITADINHOS: VITIMIZAÇÃO

Esses são os da pior espécie e, se não forem tratados, podem aniquilar um ser humano, destruir uma região e até um país. Você conhece nações, povos com síndrome de vítimas? São os coitados do mundo, os perseguidos do planeta, os isolados, os maltratados. Acham-se os cordeiros de Deus que lavam os pecados do mundo.

Os incômodos coitadinhos são como vírus, se espraiam numa grande velocidade e, agora que temos as redes sociais e as realidades aumentadas, viveremos com as percepções ampliadas e a desinformação agigantada, deformada. Outra categoria de incômodo que veremos mais adiante é o "incômodo *fake* virtual". E como realidade é aquilo que o ser humano percebe, corremos o risco da autenticidade de um indivíduo ser modificada pelo novo diretor de personagens do mundo – os influenciadores e dominadores da opinião nas redes. Quando perguntam o que um jovem quer ser hoje, muitos já respondem *influencer*.

A origem do incômodo coitadinho, muitas vezes, é a influência que vem de dentro de casa. Os pais destroem uma criança ao criá-la em um ambiente de baixa autoestima e de vitimização, colocando sempre a culpa nos outros, apontando o dedo e atribuindo aos outros a razão pela qual não conseguem ser felizes.

É muito difícil a situação de uma criança educada sob um regime tenebroso de vitimização. Vitimização dos pais, vitimização dos filhos, vitimização da sociedade. Infelizmente, em uma era em que é comum terceirizar a culpa pelos nossos problemas, observamos um crescer do incômodo coitadinho sendo utilizado de forma leviana, manipuladora e constrangedora por líderes de fortunas, empresas, governos e organizações sociais.

Se olharmos as matérias dos jornais em um dia, no mundo todo, vamos ver presidentes, grandes empresários e intelectuais em um papel de vítima. Eles dizem: "Isso está acontecendo comigo porque meus adversários me perseguem. Isso está acontecendo no nosso país porque aquele outro país faz isso conosco". Donos de fortunas pegos em esquemas de corrupção não hesitam em colocar a culpa no sistema para justificar seus erros.

Como vemos em Adão entregando Eva e Eva acusando a cobra, o poderoso incômodo do coitadinho, da vitimização, parece ser um dos mais antigos da história. Caim mata Abel porque Deus parecia ter gostado mais do presente de Abel do que do de Caim, que se sentiu vítima. Dois rapazes entram em uma escola na região de São Paulo e atiram nos alunos. O motivo: o incômodo do coitadinho. Eram vítimas e, para se vingar, foram matar os colegas.

O incômodo do coitadinho é um dos mais horripilantes, pois significa a destruição de si mesmo e, quando não tenho nada a perder, faço qualquer coisa, pois já me perdi totalmente. Mas preste atenção: o incômodo do coitadinho agora ganha um superpoder com a difusão midiática, das redes e das manchetes nas demais mídias.

Um anônimo coitadinho vira um notório conhecido global. Eis aí um complicado incômodo de se "redesenhar" para o bem.

4. INCÔMODOS MURRO EM PONTA DE FACA

Esses são para acabarmos com eles imediatamente. O nome é em homenagem ao meu "irmão *in rock*" Roberto Shinyashiki, que escreveu um livro cujo título é *Pare de dar murro em ponta de faca*. É aquele incômodo que "reincomoda" a pessoa, e ela responde ao incômodo sempre da mesma forma: errado, dando cabeçadas. Repete a mesmíssima fórmula. Erra uma vez, duas, cem vezes. Vamos encontrar a mesma pessoa vinte ou trinta anos depois, e lá estará ela repetindo o mesmíssimo erro. Quer dizer: quando incomodada pelos fatores que pedem respostas evolutivas, essa pessoa responde primitivamente. É tristíssimo ver alguém, inclusive bem-intencionado e formado, em um sofrer constante e repetitivo. Você conhece alguém assim? E você, tem algum incômodo ao qual responde desse jeito?

Tenho uma amiga de muitos anos que sempre teve péssimos companheiros. Maridos vagabundos, alguns chegando até a causar prejuízos financeiros por seu péssimo caráter. E ela repetiu essa saga diversas vezes. Murro em ponta de faca.

Eu mesmo estou no quarto casamento! É minha resposta ao amor. Na última vez que estive no programa do Jô Soares, estava no terceiro, e o Jô brincou: "Deve ter carma com mulher". Mas acho que aprendi. Como o mundo é imperfeito e amor significa dois imperfeitos se unindo para o aperfeiçoamento, não existe o outro perfeito. Portanto, fico agora extremamente feliz e motivado na missão de nos aperfeiçoarmos juntos, como casal! Então os incômodos "murro em ponta de faca" revelam uma incompetência de aprender a aprender.

Tenho outra amiga que, onde quer que trabalhe, sempre arruma o mesmo tipo de encrenca. Identifica pessoas do grupo diretivo que considera incompetentes e inicia um processo de fustigação. Quer

Como o mundo é imperfeito e amor significa dois imperfeitos se unindo para o aperfeiçoamento, não existe o outro perfeito.

dizer, empreende ataques para eliminar aquela pessoa ou para que ela passe a se comportar como essa amiga entende ser o certo. Conclusão? O óbvio. Em prazos que dificilmente duram mais de um ano, lá está ela, devidamente demitida daquele ambiente.

5. INCÔMODOS *FAKE* VIRTUAL

A geração de hoje é moderna e altamente poderosa, cheia de incômodos, em especial desse tipo. São desinformações com considerável poder de persuasão – realidades deformadas, utilizadas por diversos tipos de agente com as mais distintas intenções. Loucos alucinados se servem da leitura dos maiores filósofos da história humana, criam programas a distância e interpretam os conhecimentos de notórias lendas da ética e legítima sabedoria a serviço de planos mórbidos de poder pessoal.

O brilhante publicitário brasileiro Washington Olivetto uma vez criou uma campanha publicitária para um jornal brasileiro com uma síntese fenomenal: "É possível contar um monte de mentiras dizendo só a verdade". O filme mostrava uma série de verdades acerca do crescimento da economia alemã nos anos 1930 e terminava com a foto de Adolf Hitler.

Os *fake* virtuais produzem incômodos e buscam criar adeptos, seguidores. Mostram caminhos de autodeterminação através da morte, do suicídio e de propostas sociais excludentes, extremistas e intolerantes.

Os *fake* virtuais podem se servir de imagens e citações verdadeiras, mas sempre as colocando num contexto não de comunicação, e sim de manipulação. E aqui será importante para você, leitor, fazer a distinção entre o que é comunicação e o que é manipulação. Eu o manipularia com este livro se dissesse nele apenas aquilo que já sei que você quer ler ou ouvir. Nesse sentido, manipular é pegar o que um grupo ou uma sociedade está aberta a escutar, reunir provas e colocá-las dentro de um arcabouço que, ao fim, é mentiroso. Apesar disso, a comunicação terá sempre o compromisso de evolução dos estágios do saber ético e ascensional dos seres humanos em todos os sentidos – espiritual, científico, atitudinal, artístico e autocrítico, bem como sociocrítico.

Dessa forma, pessoas que procuram, como todos, mesmo que inconscientemente, um sentido pelo qual vale a pena viver terminam por serem "hipnotizadas" por propostas fáceis da culpa do outro. A resposta evolutiva ao incômodo *fake* virtual exige estudos, monitoramento e o uso organizado desse conhecimento por grupos humanos, engajados e quentes em uma guerra mundial pela percepção humana.

A dimensão desse incômodo beligerante e destruidor, capaz de criar realidades de filmes de tragédia e terror na vida das pessoas, terá como resposta ações marcadamente positivas, como já existem, daquilo que é verdade *versus* o que é *fake*, como se vê no jornal *O Estado de S. Paulo*, onde trabalhei por cerca de dezessete anos e que é exemplo de ética no jornalismo. A tecnologia das redes e toda a ciência da nova era artificial, com edição gênica e robôs, chegaram. E a grande pergunta que faço aqui, principalmente aos mais jovens que me leem, é: "O que você vai fazer para não ser substituído por um robô?". Um belíssimo incômodo esse, hein? Mas, como todos eles, pode nos abater ou, ao contrário, nos elevar aos pontos mais altos, inimagináveis de uma vida. Escolha essa última opção.

6. INCÔMODOS APOCALÍPTICOS, ENTRÓPICOS

São aqueles que fazem parte das forças da natureza, do Universo. São também acidentes, muitas vezes evitáveis, mas aos quais estamos suscetíveis. Não são conduzidos por alguém, simplesmente ocorrem. Um segundo a mais ou a menos pode livrar alguém de um carro desgovernado, por exemplo.

Sempre, diante de incômodos com dimensões planetárias, tem algum ser humano dando respostas no âmbito do outro grupo dos incômodos, os divinos. Os heróis existem. Na China, o Dr. Li Wenliang tentou em vão alertar as autoridades sobre a covid-19 no dia 30 de dezembro de 2019. Infelizmente, morreu no dia 7 de fevereiro de 2020, provocando imensa comoção. Sem dúvida, tornou-se mais um exemplo para nossa inspiração de boas lutas na vida. Um herói que se incomoda e age. Mesmo não tendo o êxito que mereceria, deixou a marca do modelo humano que precisamos perseguir doravante para a vitória da civilização sobre a barbárie.

A história humana na Terra está repleta de incômodos apocalípticos. Guerras, doenças, pragas, tsunamis, terremotos, furacões, tornados, enchentes, secas, fome, genocídios, destruições ambientais. O incômodo apocalíptico pode ser causado pela circunstância das leis do Universo. Os astrônomos enxergam frequentemente galáxias colidindo com galáxias e se fundindo; estudam os buracos negros, um "ralo sorvedor" de toda energia ao seu redor; e estudos apontam que, em um período de mais 4 bilhões de anos, a nossa galáxia será integrada à de Andrômeda.

É a entropia como uma força caótica destruidora, a partir da qual se recria a natureza, em um processo de reciclagem no qual nada se perde ou termina, tudo se transforma. Os incômodos entrópicos e apocalípticos também passaram a receber a contribuição da raça humana. Temos bombas atômicas que, se explodidas, podem encerrar a vida na Terra inexoravelmente.

O uso incompetente ou mal-intencionado do conhecimento científico também pode causar gigantescas desgraças, como o que observamos em Chernobyl, uma usina atômica mal gerenciada. No Brasil, tivemos a avalanche de lama de Brumadinho. Ou pode ser algo mais simples, em um edifício de apartamentos ou escritório, num hotel ou numa das nossas casas, num churrasco entre amigos, nos quais ignorar aspectos de segurança pode provocar destruições indesejáveis.

Mas é exatamente nesse grupo de incômodos, os grandes e que afligem a humanidade desde seu início, que encontramos também as respostas mais espetaculares do conhecimento, da ciência e do gerenciamento contra os riscos e prevenção de acidentes.

A partir desse poderoso incômodo dos grandes colapsos, o apocalíptico, vamos desembarcar na boa notícia, na magia das forças positivas e criadoras do Universo e da possibilidade de vitória da humanidade na Terra, os incômodos divinos, os sintrópicos. No livro *Enfermedades que cambiaron la historia* [Doenças que mudaram a história], de Pedro Gargantilla, escritor espanhol, é possível constatar que a covid-19 é simplesmente "mais uma enfermidade" na história humana. Surpreendeu a todos, mas tem, como afirma Gargantilla, sua previsibilidade. Talvez apenas o "quando" seja um enigma – certamente, não será a última vez.

7. INCÔMODOS SINTRÓPICOS, DIVINOS

Conseguimos entender bem a frase "males que vêm para o bem". Sintropia é o oposto de entropia, a própria força da natureza, do Universo de se recriar a partir do caos. E existe também uma outra ótima notícia, aquela que gerou mais um dito popular reconfortante: "Não há mal que sempre dure". Pode observar. Uma péssima gestão de uma empresa, por exemplo, termina por se autoimplodir.

Um grupo humano que se reúne para articular seus interesses através do mal, do crime, do roubo, da corrupção... Não tem jeito; é questão de tempo e vai se autodestruir. As forças entrópicas, quando livres para atuar, cedo ou tarde, causam o próprio falecimento. E não de forma suave. Muito pelo contrário, pois isso ocorre através das piores angústias e sofrimentos entre seus próprios mentores e algozes. A história revela. Não se trata aqui do desejo deste autor. É constatação.

Mas é exatamente nesse grupo de incômodos, os grandes e que afligem a humanidade desde seu início, que encontramos também as respostas mais espetaculares do conhecimento.

Por isso, lembro-me sempre de uma frase simples e objetiva para quem quer ir bem nos negócios, dita por Antonio Secundino de São José, fundador da Agroceres, empresa na qual tive a sorte de trabalhar. Como resposta aos incômodos das incertezas do mundo, ele nos deixa sua frase de valor: "Se negociarmos honestamente com as pessoas, elas jamais nos abandonarão". Então, neste maravilhoso incômodo da criação, o que vai prevalecer são as verdades que superam o tempo. São as ações da benemerência, de filantropia e, em última instância, máximas cristãs: não faças ao outro o que não queres que façam a ti. E que vos ameis uns aos outros, frase que, você já deve ter percebido, sempre volta.

Estudos realizados na Universidade de Austin, em parceira com a consultoria Deloitte, buscaram saber por que havia empresas tão longevas, com mais de cem anos de existência. Entre os aspectos encontrados estavam a inovação, o reinvestimento constante em tecnologia e o fato de compartilharem esse conhecimento com seus clientes. Em tais empresas, feitas para durar, o que prevalece é o sentido legítimo da missão, do propósito pelo qual a organização vive. Esse sentido precisa estar acima do lucro. Hoje, já podemos conhecer o capitalismo consciente, descrito em obras geniais como *Reimagining Capitalism in a World on Fire* [Reimaginando o capitalismo em um mundo em chamas], da economista estadunidense Rebecca M. Henderson, e *Capitalismo consciente: guia prático*, do brasileiro Thomas Eckschmidt ao lado de Raj Sisodia e Timothy Henry.

CAPÍTULO 6 OS INCÔMODOS SÃO AS ALAVANCAS

Há fórmulas em andamento, respostas positivas do incômodo divino, sintrópico, em que parte da humanidade responde com a concentração de valores ascensionais, oferecendo ao novo mundo novos paradigmas que nos trazem legítimos saberes para fazer e completar a outra parte do velho ditado popular, que diz, e repito: "Não há mal que sempre dure", mas, completo, "nem bem que sempre perdure". Ou seja, o bem precisa ser trabalhado, criado, construído e perseverado a cada instante de nossas vidas. E vale ainda outro dito popular: "O bem dá trabalho, o mal se dá ao natural".

De novo o provoco, leitor! Preste atenção. Você sempre vai ver, de uma maneira muito natural, pessoas se reunindo para fazer maldades. Para atacar alguém. Para prejudicar uma pessoa ou um grupo de pessoas. E você vai ver, por exemplo, como isso se dá ao natural, como as forças do bem, que são as que criam novos andares da vida em qualquer ação humana, não se reúnem nem cooperam automática e naturalmente.

Por isso, como modelo para o nosso terceiro milênio, fica o texto de Monique Leroux, que foi presidente da Aliança Internacional das Cooperativas: "O cooperativismo será o melhor modelo de negócios deste milênio". A razão é muito simples. O cooperativismo, nascido no século XIX, na Inglaterra, surge como resposta a um brutal incômodo apocalíptico, entrópico. Pessoas sem trabalho, sem comida, em meio à crise, se uniram em Rochdale e montaram uma cooperativa de distribuição e venda de alimentos, a primeira do mundo, originada de um incômodo gigantesco. Foi a resposta criadora para um mal destruidor.

Espero que você esteja guardando firme essa lógica. O mundo é imperfeito; por isso, gera suas imperfeições e incômodos. Eles nos atravancam, mexem conosco. E, ao respondermos aos incômodos, criamos a vida, aumentamos a qualidade da vida, geramos a diminuição das dores, reduzimos os acidentes. E, quanto maior o tamanho do incômodo, mais podemos nos tornar melhores como pessoa, como grupo, regiões e nações.

Reuni aqui as sete visões do poder do incômodo. Vamos agora ver o preparo para esses enfrentamentos, a transformação do que nos incomoda e a força criadora, construtiva, para nossas vidas e para muitos que caminham ao nosso lado.

CAPÍTULO 7

Coragem, o começo de tudo

"PARA CRIAR
QUALQUER COISA
NO MUNDO É
PRECISO CORAGEM."

Georgia O'Keeffe

Para respondermos ao poder dos sete incômodos, a coragem é a fonte vital. Você já sentiu o imenso poder de alegria e felicidade quando domina e supera um incômodo? Páginas atrás, escrevi, em um dos exemplos de incômodos, sobre um amigo que me relatava sua angústia com uma paixão fora do casamento. Eis que ele me liga transbordando de felicidade e diz: "Resolvi! Minha esposa é a pessoa que mais eu amo. Acabei com esse incômodo". Pois bem. Não somos perfeitos e, quando incomodados, vamos reagir dentro de nós. E, geralmente, quem ganha essa batalha íntima é a força dos valores primordiais que carregamos. É a história do cálice, que nos acompanhará ao longo de toda a vida.

Eu estava incomodado, buscando descobrir a razão pela qual alguns seres humanos superavam seus problemas, em difíceis circunstâncias, enquanto outros fraquejavam. Foi assim que mergulhei em meu doutorado. Virei doutor com a tese *A Pedagogia da Superação*[17] e encontrei, nas diversas situações pesquisadas, uma sequência de cinco fatores.

Existe um princípio da superação, o passo primeiro: a ausência de dúvida. É necessário ter a absoluta crença da possibilidade de superarmos os problemas sob quaisquer circunstâncias. Sem essa verdade íntima, vamos sempre duvidar. E, aí, a dúvida destrói todos os passos seguintes. Batizei esse pensamento de "princípio de superação", fundamento assentado na coragem. Sem coragem, somos abatidos pelas incertezas e inseguranças do mundo. Sem coragem, o mundo nos amedronta, nos assusta. A coragem é vital. Imagine estarmos vivendo em um ambiente em que a imperfeição se desenvolve e deixamos o medo nos dominar. Vamos paralisar, fugir, procurar os anestésicos contra essa dor. Não vamos tomar do cálice oferecido para a nossa vida.

---

[17] Disponível em: www.tejon.com.br. Acesso em: 5 jan. 2021.

Você já sentiu o imenso poder de alegria e felicidade quando domina e supera um incômodo?

Muito dessa coragem exige a humildade de saber pedir ajuda. Para espantarmos incômodos criados por nós, amplificados por nós, nada como ouvir bons conselhos, bons amigos, mentores e profissionais da psicologia humana. Mas, antes mesmo da coragem, vem o "limiar de dor". Quer dizer: a vida vai bater, o incômodo pode até fazer sangrar, mas, com a coragem, enfrento-o, pego meu cálice.

Morganti, meu mentor das artes marciais, líder da academia Ju Jitsu, sempre diz: "Sem limiar de dor expandido, nenhum atleta chegará a ser um campeão. Ele pode saber tudo, ser bem preparado, disciplinado, mas precisa ter resistência para suportar a dor".

Vou dar um exemplo. Convivi com uma pessoa querida, a qual, por pura ignorância, eu desconhecia ter bipolaridade, uma doença que precisa ser tratada, como outra qualquer. Ao me aconselhar com uma psiquiatra, compreendi a dimensão desse "incômodo", tanto para mim quanto para o sofrimento dessa pessoa. O tratamento foi o caminho para essa superação; tratamento científico, apoiado por atitudes de uma pessoa guerreira, que carregava dentro de si a vontade de vencer.

Hoje, tenho orgulho do estágio elevado ao qual tal pessoa chegou. Vencer incômodos é algo que não conseguimos fazer sozinhos. A coragem me foi transmitida por uma mãe e um pai adotivos que jamais permitiram que eu me vitimizasse. Nos meus estudos, trabalhando com dezenas de casos, percebi que outro aspecto fundamental dos seres humanos que fazem dos incômodos alavancas para seu crescimento é o protagonismo. Jamais a vitimização. São praticamente proibidos de pensar como vítimas. O princípio da superação, o primeiro passo da vitória sobre os incômodos de qualquer categoria, vai pedir que você busque exemplos na natureza, na sociedade, no ambiente em que vive. Você vai precisar de modelos que inspirem e lhe provem essa possibilidade. A real e legítima possibilidade de ser mais do que o obstáculo apresentado.

Isso vale não apenas para as ideias dos incômodos como coisa ruim. Imagine coisas ótimas, maravilhosas; por exemplo, você vai virar pai ou mãe. É um prêmio, um presente. É um incômodo? Sim, pois vai transformar sua vida. Há que fazer cursos de educação infantil ou buscar referências em quem entende serem ótimos exemplos de pai e mãe. É um novo papel na vida. Jamais seremos os mesmos depois da paternidade ou maternidade. Incomoda, sim – se não conscientemente, lá no inconsciente.

Passamos a ter seres totalmente dependentes de nós. Podemos vir a ser grandes pais e educadores. Quando esse incômodo é percebido, é ótimo, pois vamos exercitar a procura de mentores e exemplos para sermos inspirados por eles. Às vezes, temos em casa as referências. Nossos pais. Nossos avós. E pode ser que você não tenha tido a referência da melhor família do mundo na sua casa. Acontece. Mas, se olhar na vizinhança, vai encontrar. O mundo nos oferece pérolas a cada passo. Cabe a cada um de nós saber disso e as identificar em meio às ostras comuns.

Meu tio e minha tia, por exemplo, formavam um casal perfeito. Era impressionante ver aquela harmonia, como conhecer casais apaixonadíssimos aos 100 anos. O princípio da superação é a crença, a fé absoluta na possibilidade de enfrentar e transformar todos os nossos incômodos dos mais diferentes níveis em oportunidade de vitória. Isso exige coragem. Coragem para olhar o que não estamos olhando. Coragem para falar e pedir ajuda, às vezes a pessoas que jamais procuraríamos. Coragem para derrubar o medo, que surge como um portão de aço que não nos deixa sair dos muros do nosso quintal. Coragem para não temer um mundo que é imperfeito, como nós todos, e que nos oferece, como prazer inigualável nesta vida, a oportunidade de trabalhar no seu aperfeiçoamento.

Bem-vindos à grande conclusão: jamais vamos aperfeiçoar algo ao nosso redor se não nos aperfeiçoarmos primeiro. Para ser um grande profissional na sua área, você precisará estudar muito, conviver com os melhores. E, quando achar que já está ótimo, alguém sempre estará inventando alguma coisa que você não sabe. Se você for da área de ciências exatas, precisa dominar tudo de engenharia, matemática, computação. Mas também vai precisar saber de comunicação, arte e ciências humanas.

Quando participei de estudos no Media Lab do MIT, me surpreendi vendo que, lá, criavam duplas de trabalho com jovens com vertentes distintas. Um da área de humanas, outro da área de exatas. Essa conjunção apresentava os melhores resultados nas pesquisas em desenvolvimento.

Existe muita coisa que não depende da gente. Porém, há momentos na vida em que a coisa é só com você, só comigo. É quando dizemos: "Deixa comigo. Agora sou eu que resolvo". Numa orquestra, é quando o solo cabe ao pianista. Na minha banda de rock, é quando o Ciro, meu amigo e maior guitarrista do mundo, entra em ação. Ou quando chega a hora da Priscila, uma batera como ninguém. Cada um tem a sua hora do "xá comigo".

Uma orquestra ou uma banda é um conjunto que precisa ser harmônico, mas cada membro dessa equipe terá o seu momento. A Fernanda, cantora da banda Rock4all, quando canta; a Juju (integrante da mesma banda) quando faz um solo de contrabaixo. A música, a orquestra e a banda nos ensinam a importância da cooperação.

Porém, não teremos nenhuma vitória na vida, não vamos crescer com os incômodos, se dentro de nós tivermos medo da hora do "xá comigo". Esse é o momento em que não podemos errar. É preciso ter essa confiança. Em tudo?

Jamais. Não somos perfeitos, e nosso aperfeiçoamento tem limites. Se aperfeiçoarmos o nosso dom, nossa vocação será brilhante. E as coisas que não sei fazer? Cabe ao outro realizar. E por que posso acreditar que o outro pode fazer bem-feito o que eu não consigo? Pela simples verdade que você carrega dentro de si. A coragem de confiar em si naquilo que domina. Sem essa coragem de ser muito bom no que faz, você não caminhará para o segundo procedimento na luta para vencer os incômodos. Com a coragem, consigo dar próximos passos. Confio em mim, então posso confiar nos outros.

CAPÍTULO 8

Confiança

> "A SUPERAÇÃO SERÁ O RESULTADO DA EXISTÊNCIA DE LÍDERES, EDUCADORES OU PESSOAS QUE ESTEJAM NESSE PAPEL, E O FUNDAMENTO PARA O SUCESSO É A CONFIANÇA."
>
> José Luiz Tejon

8

Se não confio em mim, não confio nos outros, vivo sempre traído pela síndrome da perseguição. Você deve conhecer pessoas que vivem vendo fantasmas, criando inimigos em todos os cantos, que se sentem traídas a toda hora, que revelam o poderoso incômodo da insegurança. A coragem delas não foi trabalhada, e todos em volta são o reflexo de seu medo. Por outro lado, devemos confiar em tudo, em qualquer um? Não é disso que estou falando.

Existem pessoas mal-intencionadas, e negar isso seria de um imenso "naivismo", ingenuidade. Ou seja: o outro lado da moeda é válido. Devemos desconfiar de todo mundo? Devemos ver inimigos e potenciais traidores em todos os cantos? Da mesma forma, não. As generalizações costumam ser o maior inimigo do desenvolvimento e da evolução de um ser humano.

Tem gente que fica vítima do incômodo de valores e classifica os outros. Só confio em quem é da minha família. Ou só confio em quem é daquele lugar, região ou cidade. Ou então só confio em quem é da minha religião. Ou só confio em quem pertence a uma determinada instituição. Quer dizer, é uma confiança com rótulos. O não desenvolvimento da autoconfiança é de extrema crueldade, porque limita e impossibilita o terceiro passo para as vitórias incomodantes.

Nos meus estudos, concluí que, depois da fé absoluta no princípio da superação, na coragem, precisa haver o "plano de superação". O plano é quando o que tem que ser enfrentado está identificado e vamos organizar os meios para esse combate. Se for na empresa, será a reunião dos profissionais ideais para o desafio. Se for na escola, serão os professores mais bem preparados para determinadas missões acadêmicas. Se falarmos de superar incômodos divinos, sintrópicos, vai ser criar grupos humanos de especialistas para soluções gigantescas.

Precisaremos de uma liderança acima de egos, que saiba trabalhar o ponto máximo de cada um, como o sociólogo italiano Domenico De Masi, brilhantemente, apresenta no livro A *regra e a emoção*. O plano da superação é a consciência de que precisamos de uma fórmula, de uma estrutura, de uma equipe e de um plano de trabalho.

Em diversos convites que tenho recebido para falar com jovens reeducandos, conversei com a equipe da Secretaria de Justiça e Cidadania do Estado de São Paulo sobre como levar a Pedagogia da Superação para o ambiente da Fundação Casa. Temos confiança absoluta na possibilidade. Agora, precisamos de um plano. Muitos dos nossos incômodos não são superados por não fazermos planos ou, então, por termos planos malfeitos.

É do valor positivo da confiança dentro de nós que tiraremos a confiança no próximo. Martha Moreno, ex-aluna minha no mestrado na França, me apresentou ao professor Alfonso Meneses, que se transformou num especialista de qualidade total no sistema 6 Sigma, atuando em diversos países do mundo. Desenvolveu a confiança em si mesmo com a coragem oriunda de quase ter perdido uma pessoa da família por desorganização e falta de qualidade num hospital. Do incômodo desse fato, veio a coragem; depois, a confiança em si mesmo. O estudo, o foco, o aprimoramento e, para que seu trabalho pudesse ser realizado, a necessidade da confiança nos outros. Se os outros não forem confiáveis como princípio, jamais qualidade total ou 6 Sigma se desenvolveriam em canto algum.

Conheci e convivi com três exemplos de falta de confiança em grupos musicais que desmontaram os artistas no exato momento em que eles tinham tudo para dar um grande salto em suas

> É do valor positivo da confiança dentro de nós que tiraremos a confiança no próximo.

carreiras, com gravações preparadas, com mídia para promovê-los. Nesse exato momento, brotou a desconfiança. Brigaram e terminaram antes de começar. Eram bons artistas, mas não suficientemente forjados com a coragem, não conscientes das imperfeições do mundo. Desconfiados de si mesmos, passaram para os colegas o medo da desconfiança. Morreram na praia do sucesso. Não deu nem para nadar um pouquinho.

Assim como eu, você deve conhecer outros exemplos de pessoas que não superam os incômodos do possível sucesso pela incapacidade de confiar nos outros. Não formaram equipes. Não realizaram o plano da superação. E, quando olharem para o plano, logo constatarão que precisam de gente, de pessoas. Se a confiança não estiver ali, não poderão cooperar. E, sem cooperar, não haverá vitórias possíveis no longo prazo. Uma frustração se seguirá a outra e, então, vamos ver essa pessoa mergulhada e arrebatada pelos incômodos mosca, murro em ponta de faca, o terrível incômodo coitadinho e presa fatal dos incômodos de valores não resolvidos.

Bom, você já sabe: o mundo é imperfeito. E é preciso ter coragem para aperfeiçoá-lo. Não reclame do seu "cálice". Um incômodo deve dar força, motivação e coragem para viver e lutar. A coragem o levará a fazer ações que não faria se não estivesse tomado por esse poder. Com a coragem, você vai adquirir autoconfiança. E vai poder gritar ao mundo: "Isso aí, xá comigo, eu posso". Com a confiança em si mesmo, você vai desenvolver a confiança nos outros. E, certamente, vai pensar: "Meu Deus, o que seria de mim sem confiar nos outros?".

Você não entraria em um avião, não tomaria uma injeção, não acreditaria no seu professor, jamais faria uma cirurgia, nunca se apaixonaria e não tomaria um táxi na sua vida? E na mão do condutor do metrô, ficaria? E na do programador do seu computador? Vá imaginando como seria a vida sem "confiança". Sem ela, não podemos partir para a bendita cooperação.

Afinal, o plano de superação pode nascer da sua cabeça, mas você jamais o executará sozinho. Edmea Sanches, que conheci em 1982, é, hoje, minha sócia na TCAI, minha empresa. Sem ela e a confiança que temos um no outro, eu jamais teria o tempo e a liberdade para ter foco no meu dom: escrever, ensinar, refletir. Ela administra; eu penso e crio. Ela coloca ordem na bagunça. Quem coopera supera.

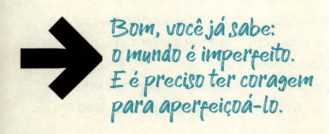

Bom, você já sabe: o mundo é imperfeito. E é preciso ter coragem para aperfeiçoá-lo.

CAPÍTULO 9

Cooperação

> "TUDO O QUE FIZ
> TALVEZ FOSSE UMA
> FORMA DE SUBLIMAR,
> SUPERAR E DIVIDIR
> A DOR E OS DESAFIOS
> COM OUTROS E FAZER
> DISSO UMA BANDEIRA."
>
> Dona Jô Clemente

9

O princípio da superação é a fé inabalável na possibilidade. Para entendermos isso, precisamos estudar e identificar exemplos que demonstram tal viabilidade. Necessitaremos de um plano. De confiança em nós mesmos. A voz íntima gritando "eu posso, eu sei", e a humildade sábia de identificar os demais membros da equipe para um plano implementar. Da confiança, vem o protagonismo.

A coragem, fruto da motivação de um poderoso incômodo, nos dá forças inimagináveis para suportar o que antes não conseguiríamos. Com a confiança, vamos conquistar gente confiável. E isso passa pelo talento de ser amável, saber conquistar, manter e evoluir em equipe. Mesmo na hora de uma correção dura, que precisa ser feita, quando o ambiente é amável, fica a marca pontual daquele momento. Mas, em seguida, ressurge o prazer da convivência, sem o qual não há equipe que resista.

Assim, chegamos à cooperação. Para cooperar, precisamos conhecer bem nossos talentos e nossas habilidades. Pois, como escrevi, na banda, se o meu talento e habilidade não forem justos, se eu não for honesto intelectualmente quanto ao que me compete, não entrarei com confiança na hora do meu momento, do meu solo e, se isso não ocorrer, não gerarei confiança em meus companheiros. Afinal, cada um de uma organização, de um time, precisa fazer bem-feito o seu momento. Logo, é necessário exercitar ao máximo o talento e a habilidade de cada um, para depois os reunir num conjunto, num todo. E isso vale não só para ideias de empresas, grupos, trabalhos, mas, principalmente, para a nossa vida, pois quem empresta competências para todos os nossos outros papéis na vida, na sociedade, é a nossa pessoa. Papéis profissionais, empresariais, organizacionais terminam por serem ótimos também, desde que eles nos "incomodem" para o aperfeiçoamento pessoal.

Conversando com a atriz Regina Duarte, ela me disse: "Os personagens e papéis que o teatro me fez interpretar foram excelentes para o meu aprendizado e aprimoramento pessoal". Então, quando vivemos a capacidade de nos dar às experiências no mundo, aprendermos interpretando distintos papéis na vida, os incômodos podem ser de extraordinária importância no nosso aperfeiçoamento. Por exemplo, a capacidade de ser amável, como já falei, é extremamente importante, uma arte. Afinal, no exercício do viver e nos negócios, logo compreendemos que as pessoas gostam de fazer negócios com as pessoas que elas estimam.

Portanto, aprender a ser amável é um aprimoramento pessoal fantástico. Eu era amável quando comecei minha carreira numa empresa? Nem um pouco. Parecia um bicho da caverna. Um gerente, imensa pessoa, o Lincoln Garcia de Oliveira, me ensinou, quando eu tinha 20 anos, a importância de ser amável com os colegas. Dizia: "Se você não consegue conquistar nem seus colegas de departamento, aonde você espera chegar na vida?". A amabilidade é um aspecto que faz parte do perfil das pessoas que se superam em difíceis circunstâncias e a "cola" que pode transformar a cooperação em uma obra maravilhosa, muito maior do que poderíamos pensar em fazer sozinhos.

E, na vida pessoal, é ela que funciona como o grande altar de onde saem nossos milagres. Nosso aperfeiçoamento pessoal segue, nessa jornada, nessa saga, o roteiro dos guerreiros que vencem poderosos incômodos, principalmente se temos que enfrentar incômodos apocalípticos. Pode prestar atenção! Perante uma cena de alto impacto, vamos ver três tipos de reação:

1. Pessoas que se apresentam imediatamente para ajudar como voluntárias.
2. Pessoas que ficam olhando e botando a culpa em alguém.
3. Pessoas que fogem e passam rapidamente como se nada estivesse acontecendo.

CAPÍTULO 9 **COOPERAÇÃO**

A cooperação é o que resolve incômodos de grande monta. A comunidade científica, os clubes de serviços como Rotary, as igrejas, a sociedade civil organizada. Da mesma forma, é a cooperação que salva nossas vidas. Eu não estaria aqui se não fosse Anele, uma amiguinha minha que gritou enquanto eu me queimava. Não estaria aqui se não fosse a mãe da Anele, dona Helena, que pulou o muro e salvou minha vida. Não estaria aqui se não fosse a Santa Casa de Santos. Não estaria aqui se não fosse o Dr. Silvio Correia. Não estaria aqui se não fossem as pessoas que doaram sangue. Não estaria aqui se não fossem meus amigos de infância, os vizinhos, e por aí vai.

Coloque-se no lugar da cooperação. Assim como sem coragem não vivemos e sem confiança não crescemos, sem cooperação jamais expandiremos nossa possibilidade de uma grande vida. Sem a cooperação que nasce de todos os fatores anteriores, não realizaremos a mais nobre das dimensões humanas: criar. Na cooperação, vamos desenvolver o preparo para os conteúdos da superação. É o que batizei com a sigla **ALEE** – a mescla do **A**mor pelo aperfeiçoamento das imperfeições do trabalho, o **L**abor, a **É**tica e a **E**stética.

Todo e qualquer incômodo vai clamar por esse sistema, que vai dar vigor de alma e consistência ao plano. Se o objetivo é criar uma empresa, recuperar-se de uma grave doença, dar uma vida digna aos seus filhos, arrebentar com os incômodos inúteis, você precisará do **ALEE**.

Quanto ao incômodo de valores, rapidamente você vai descobrir que existem não mais do que meia dúzia de valores eternos que jamais mudam. Saber a diferença entre aquilo que muda todo dia, toda hora, todo instante e que ainda nos assalta nos *fake* virtuais

Assim como sem coragem não vivemos e sem confiança não crescemos, sem cooperação jamais expandiremos nossa possibilidade de uma grande vida.

e aquilo que nunca mudou e jamais mudará será a fórmula para o enfrentamento e, ao mesmo tempo, sua vitória.

No campo desses incômodos, registre os eternos que não mudam nunca: responsabilidade, solidariedade, liberdade, ética, educação. Em responsabilidade, você enquadra a honestidade, a palavra, a integridade. Com solidariedade, você empunha o amor universal. Na liberdade, reside o livre-arbítrio e o direito da sua individualidade. Na ética, prepondera o respeito pela sustentabilidade da vida em todos os sentidos. E, na educação, está a grande vitória do seu cérebro sobre as determinações da genética, o aperfeiçoamento de si mesmo através do prazer de aprender a aprender.

Com a cooperação, desenvolvemos a ética, os valores. Sem deixar ninguém para trás, com o passar do tempo, formamos quadros e legiões de amigos que criam uma corrente, uma rede espetacular de realizações. Somos ajudados e nem sabemos de onde vem a ajuda. A ética nas relações é o maior investimento de longo prazo que um ser humano pode fazer. Depois, vem o amor, o prazer de amar o imperfeito para aperfeiçoá-lo. Diminuir os riscos do viver na natureza. Aumentar a segurança da humanidade em todos os sentidos. Criar estabilidade nos ciclos econômicos para diminuir os dramas humanos com as quebras e as rupturas. Ter tecnologias e ciência que curem doenças, diminuam as dores. Amar pessoas da nossa família, empresa, amigos que, dentro de suas imperfeições, tragam, para nós, um delicioso prazer no seu convívio.

A criação é a magia. Ela é feita com o trabalho intenso, focado, tem a qualidade da estética. Tudo precisa ser belo: a música, a empresa, a sua casa, mesmo que humilde, até aquela pessoa que

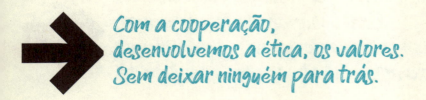

Com a cooperação, desenvolvemos a ética, os valores. Sem deixar ninguém para trás.

se acha "feia" nos padrões da sua sociedade vigente. Pois nada será mais feio do que um "belo" não amável, arrogante e desagradável.

Nesse sentido, tive um aprendizado muito curioso com o bullying que sofri por ter o rosto queimado. Quando você queima a face, não vai ficar "lindo", ao menos convencionalmente. Queimadura detona. Então ok. Tudo bem. Tem que seguir.

Mas o engraçado mesmo é que, vivendo essa experiência, principalmente quando eu dava importância a isso (depois tirei esse incômodo da minha frente, superando-o exatamente pela criação e a arte da amabilidade), observava que quem fazia bullying comigo falando do meu rosto, de como era feio, não eram pessoas que eu chamaria de belas. Ao contrário. Levou tempo para que eu computasse esse fenômeno, mas, passados anos, passei a registrar. E não falo do feio por dentro somente, mas do feio mesmo, que não resistiria a nenhuma análise de um concurso de beleza. E pessoas que poderíamos dizer belas, ou dentro de um padrão de boa estética, nunca mexeram comigo. Curioso, não?

Por outro lado, senti em meu íntimo esse amor pelo imperfeito. Um rosto queimado é imperfeito, mas, quando o amamos, em vez de não o querer bem, parece que ele começa a responder a esse amor, e vai ficando mais bonito. E quando ele parece para você muito mais bonito, parece que tudo ao redor também assim o vê.

Mas será que isso aconteceria com outros incômodos diferentes, em outras situações? Sim, pois a criação vem da cooperação. Não existe criar sozinho. Para isso, precisamos da amabilidade e do **ALEE**... Dessa forma, o plano da superação ganha corpo e se realiza. Da criação em diante, encontramos o próximo passo dessa jornada humana pela vitória diante do poder do incômodo: a consciência para ter rédeas sobre o próprio destino. Talvez não possamos mudá-lo, mas podemos guiá-lo em zonas mais elevadas da alma e do universo. Um plano, conteúdos estratégicos da superação, procedimentos e atitudes de superação.

Estou aqui escrevendo agora num trem TGV de alta velocidade de Nantes para Paris. Vamos encontrar os alunos, visitar a Biblioteca

Municipal e, depois, continuar nossos estudos no Salon de Agriculture. Mas, aqui na estação, há certa confusão com os trens. Pergunto a um funcionário o que está acontecendo, e ele me dá uma informação errada. Porém, um casal que nos ouvia aproximou-se e corrigiu a informação. Sem esse casal anônimo, eu teria perdido meu trem. Carrego uma mala que não foi feita por mim, e sim por minha esposa, com quatro vezes mais coisas do que o necessário.

O trem exige que o passageiro suba uma escadinha. Eu estava com computador, material de aula em uma das mãos e um malão na outra. Empaquei. Imediatamente, um jovem pegou a mala e a levou para cima. Existe na alma humana um dom nato da cooperação. Compreender esse meio fantástico de viver é um dos ingredientes vitais da fórmula de superar incômodos. Um malão e uma escada podem não parecer um grande incômodo, mas uma lição foi aprendida: resistir e jamais deixar a esposa fazer a minha mala.

CAPÍTULO 10

Criação

"NÃO HÁ NADA PIOR DO QUE UMA LINDA IMAGEM DE UM CONCEITO ERRADO."

Ansel Adams

10

Quando percebemos que a roda foi inventada há milênios, mas só foi colocada nas malas há pouco tempo, descobrimos o quanto podemos realizar entendendo e compreendendo incômodos legítimos e transformando-os em ótimas soluções. O pessoal que inventou os guias de rua não teve a ideia de fazer o Waze. A turma das Yellow Pages, listas telefônicas das páginas amarelas, não fez o Google. Não foram as imobiliárias que criaram o Airbnb; nenhuma livraria construiu a Amazon. Não foram as empresas de sementes que lançaram as novas variedades criadas a partir da engenharia genética. A lista desses incômodos é gigantesca e interminável.

Você pode procurar essas curiosidades na internet e vai ficar impressionado com a potencialidade criativa da humanidade e, ainda mais, intrigado sobre por que, com exceções, não são aqueles que já estão numa determinada área do conhecimento que progridem e inovam. Quem faz isso está muito mais para exceção do que para a curva normal da criação. Então, onde nasce essa provocação espetacular para criarmos? Exatamente do incômodo. Alguma coisa nos está incomodando. Desconfiamos que algo poderia ser melhor, que, se inventado fosse, teria mercado! Entramos em um conflito.

Sim, pois o conflito íntimo é profundamente incômodo. E em uma empresa? O bom conflito é que vai gerar também o movimento, a mudança, esse estado adaptativo ao inevitável criar, o tempo todo. O que mais incomoda e angustia uma pessoa criativa é assistir a um estado de estagnação ao seu redor. Os líderes têm um papel essencial no desenvolvimento criativo de uma família, um relacionamento, empresas, escolas, instituições, nações e suas próprias vidas.

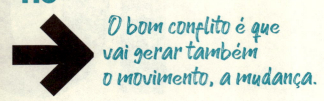

O bom conflito é que vai gerar também o movimento, a mudança.

Tudo o que tem no mundo é resultado de respostas criadoras a incômodos identificados. São incômodos divinos, sintrópicos, soluções maravilhosas para a humanidade, a penicilina, a anestesia e, voltando aos leitores mais religiosos, quando o apóstolo Paulo disse nas suas pregações que era simples seguir Cristo. Bastava aceitar. Era uma genial e criativa ideia de simplicidade, uma palavra na moda da moderna gestão. A criação deve estar sempre dentro de cada um de nós. Sempre devemos nos dizer: "é possível melhorar, é possível criar algo novo, é possível inventar, imaginar, é possível inclusive recriar a si mesmo".

A música nos oferece exemplos maravilhosos. Temos doze notas musicais, maiores e menores, que geram centenas de acordes. Com os mesmíssimos acordes, as mesmas notas musicais, podemos criar músicas novas todo o tempo. E preste atenção: você pode nunca ter estudado música e mesmo assim criar mais do que o mais estudado dos maestros. Talvez alguns se incomodem, mas temos um universo de compositores com baixíssima educação fundamentada na música que criam obras belíssimas. Não são os maestros os maiores compositores da história, pelo menos se considerarmos toda a indústria pop contemporânea. Faça o exercício. Se você tomar três ou quatro acordes e se permitir, deixar-se fluir com inspiração numa consciência coletiva sonora, terá grandes chances de criar a sua música.

Mas voltemos aos elementos deste método. O incômodo é necessário. E nascido do quê? De alguma necessidade íntima ou de convocações feitas no ambiente onde você se encontra. É preciso coragem, pois o que mais mata nosso progresso na vida é o medo de não conseguir. O medo de que aquilo não é para mim. O medo de que tenho que aprender a saber qual é o meu lugar!

A coragem não representa a ideia tola do enfrentamento devido à ingenuidade pura, como acontecia com as famosas legiões de crianças e despreparados que foram organizadas para as guerras santas no passado. A coragem não representa apenas uma ideia alucinada de empoderamento. A coragem não é entrar num globo da morte com uma motocicleta sem preparo e achar que vai dar um show. A coragem é o princípio do caráter. Medo faz parte. Covardia é ausência de caráter. É através da coragem, então, que vamos ver o mundo com confiança, em nós mesmos e nos outros, e assim caminharemos pela cooperação e chegaremos à criação.

Por que a maior parte das organizações falha? Não dá as viradas inovadoras e científicas? Por que se fecha em si mesma? Porque atua com exacerbação de ego. Não estão abertas para a economia, para a sociologia, para a realidade colaborativa. Portanto, não cooperam. Ao não cooperarem, não conseguem criar. Faça uma análise pessoal a seu respeito. Quantas ideias criativas você já teve que foram impedidas de prosperar onde você trabalhou ou trabalha? Lembre-se, por outro lado, das suas contribuições que foram aceitas e geraram impactos, coisas que devem fazer parte do orgulho por si mesmo. Afinal, nossas obras falam por nós e refletem nossas vitórias sobre o poder do incômodo. Você se lembra dessas contribuições? Coloque de um lado as que não foram adiante e do outro as que vingaram.

Lembrando-me das minhas que deram certo, percebo que todas vieram de incômodos fortes. Todas aperfeiçoaram algo que havia antes e estava sendo feito. Todas exigiram coragem para brigar por elas. Era necessário autoconfiança, e só foram possíveis pela cooperação. Não me lembro de um único caso ao longo de toda minha vida, com vitórias pessoais, profissionais, empresariais, intelectuais, em que eu possa dizer: "Fiz sozinho".

A cooperação ali estava, e a criação, mesmo que tendo forte insight meu, era melhorada pelo grupo, pela equipe. E muita atenção:

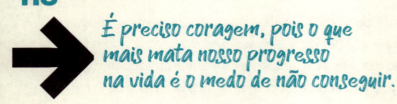

> *É preciso coragem, pois o que mais mata nosso progresso na vida é o medo de não conseguir.*

não ache que isso significava conquistar a maioria das opiniões. Não. Sempre foi um pequeno grupo alinhado e engajado comigo, formando um time pequeno, inteligente e objetivo, que permitiu as grandes vitórias. Depois do feito e do realizado, aí, sim, temos ao nosso lado a gigantesca maioria.

Por isso, sem a tal coragem e autoconfiança, não seguiremos nosso caminho, não daremos o próximo passo, pois não será a maioria que vai enxergar e se comprometer com uma grande solução que só ao fim servirá para todos. Sempre procuro saber das histórias de como começaram as grandes empresas e as cooperativas. É impressionante ver hoje no Brasil cooperativas com uma dimensão global e que, no seu início, não passavam de uma reunião de meia dúzia de corajosos bem-intencionados.

Agora, vamos nos lembrar do que não deu certo e teria sido também muito importante para você e para muita gente. Na minha lista dos fracassos, que não deveriam ter sido fracassos, vejo a presença de incômodos aparentes, mas que não eram fortes o bastante para me pressionar. Havia grandes possibilidades de melhoria do que estava sendo feito, mas, afinal, o que estava sendo feito estava bom, dando resultados, lucro, e todo mundo falava como sendo algo de sucesso.

Ou seja: muitas vezes, a felicidade e o sucesso de algo que temos podem inibir e não deixar nascer o novo. Qual a razão? O incômodo não aparece. A imperfeição não fica clara e evidente. Afinal, estamos indo bem. Então, nos exemplos meus, hoje, refletindo, percebi um incômodo inebriante: o sucesso. Com ele, a coragem para transformar aquilo era diminuída. Ia dar trabalho. Para quê? Logo, a confiança em partir para cima daquela sensação incômoda, mas insuficientemente forte para agir, era anestesiada. Dorzinha pequena de vez em quando, perante muitos prazeres de vez em sempre.

E quando não nos esforçamos mais, quando não queremos mais lutar, quando "abandonamos"? O abandono e o autoabandono são dois perigosíssimos fatores ao longo das nossas vidas. Dizem que o pior de todos os sentimentos é a indiferença. Quando você não liga mais para seu bairro, sua casa, sua família, seu relacionamento, seus amores, seu país, seu trabalho, pode chegar um dia fatal em que não vai ligar mais para si mesmo.

Os casos malsucedidos da minha experiência cruzaram por esses caminhos perversos. Arrependo-me? Sim, se voltasse no tempo com o que sei agora, teria lutado muito mais. Então, quando me perguntam o que eu posso fazer agora de diferente, digo sem dúvida: prestar muito mais atenção! "Mas que coisa engraçada, Tejon", você talvez dissesse. "Quer dizer que, mesmo estando bem, tendo sucesso, algo pode não me deixar ver ou sentir um potencial incômodo que se não identificado pode arruinar tudo ou diminuir o ciclo de vida daquela felicidade, daquele sucesso?" Sim, e isso está por trás da explicação de por que as maiores mudanças e movimentos na história humana não foram feitos pelos que lideravam os negócios ou a sociedade.

Foram feitos pelos *change makers*, os que fazem as mudanças, os rebeldes, os que atuam e gritam pelos incômodos já insuportáveis em função de imperfeições intoleráveis e que a maioria, as lideranças instituídas no modelo que domina o status existente, não quer ver ou não pode ver. Nesse caso, muitas vezes em função do poder do incômodo dos valores, associado a crenças, fé e visão interna de mundo (um mundo que já mudou lá fora e que, se não nos adaptarmos em velocidade, sacrificará nosso futuro), podemos trazer dores, sofrimentos e incômodos entrópicos, apocalípticos. Os criadores da humanidade são mutantes.

Mas não precisamos falar só dos grandes nomes que ficaram na história como os transformadores do mundo. Vamos observar um mutante na sua empresa, no seu condomínio, na sua rede social. Um mutante que a gente encontra todos os dias nas ruas, no metrô. Gente que não sabe que se transformou e carrega consigo vitórias de elevadíssima dignidade. Superaram incômodos que podem parecer, para muitos, insignificantes – mas não são.

A dona Fátima Lucia Praxedes Barbosa, servente e faxineira na Jovem Pan, onde tive minha coluna jornalística por cerca de seis anos, por exemplo. Com seu trabalho simples e comum, me diz com orgulho onde estão seus dois filhos, a universidade que estão cursando e o que fazem. Fala feliz. Ela nunca cruzou a porta de uma universidade. Não entrou nos lugares que seus filhos hoje frequentam, mas é uma mutante.

A partir do incômodo de dar aos seus filhos uma formação que não teve, de aperfeiçoar suas crias, ela fez de sua profissão uma obra de elevada dignidade e superação. E quando falamos do café que ela serve, ela não tem dúvida e diz: "O melhor café do mundo". Dona Lucia criou. Ao mudarmos, não somos mais os mesmos, pois a criação muda o criador. E essa força não é exclusiva de meia dúzia de gênios. É acessível a todos.

Gente que está na mídia me inspirou e inspira? Claro. Caetano e Gil com a Tropicália soaram trombetas nos meus ouvidos, mostrando que eu poderia fazer música. Lennon e McCartney, os Beatles, criaram um novo rock. Raul Seixas ficou eterno. Muitos midiáticos nos inspiram, até por isso precisam ter enorme consciência das suas responsabilidades, ao lado das suas legítimas liberdades.

Marcos teóricos, intelectuais nos inspiram? Claro. Somos muito dos retalhos que deles pegamos. Viktor Frankl, Tsunessaburo Makiguti, Paulo Freire, Edgar Morin são engenheiros artífices da minha tese de doutorado. Constantin Stanislavski, do meu mestrado. Mas diga: como se forma um ser humano com a consciência da criação? Eu respondo: desde o berço, com livros, teatro, arte, música, ciência e esporte. O grande ser humano não nasce pronto. Precisa de educação desde o momento em que nasce. Assim surge o caráter da coragem, meia dúzia de valores que comandam todos os outros e nos incomodarão a vida toda positivamente, para a eles responder, sempre. Quando criamos, o que acontece? Geramos consciência. Sabemos que é possível. E a consciência nos eleva a um patamar de imensa força. Com a consciência, partimos para a conquista.

Hoje, há muita reclamação, brigas, choradeira pelo mundo afora. No mundo dos negócios, aprendi com um grande homem simples, vendedor de uma das primeiras empresas em que comecei, como estagiário – a LTB, Listas Telefônicas Brasileiras. Ele dizia: "Pare de reclamar e vá vender". E explicava que isso não ia eliminar os problemas da vida, mas ia substituir os problemas inúteis por problemas úteis – a venda, o atendimento, o fornecimento, a geração de negócios e sua remuneração. Genial. Já me dava lição de substituir incômodos ruins e insignificantes por outros de real e positiva dimensão. Vale para todos nós. Anda chateado, desanimado, reclamando da vida? Vá vender! Vender o quê?

Primeiro, venda você para si mesmo, depois você para a vida. Venda seus atributos, suas qualidades, sua profissão, seus produtos e serviços. Enfim, a venda é muito mais do que se pensa. É um gigantesco incômodo que nos transforma. Hoje, no nosso Brasil, podemos dobrar o PIB, a soma de tudo o que produzimos. E, com isso, melhorar a vida de milhões de brasileiros, além de atender consumidores de várias partes do mundo. Podemos criar isso? Sim. Por que não o fizemos ainda? Porque somos um país generoso, grande, com riquezas ocultas, com um povo único no planeta, fruto da mistura de diversas raças, mas somos consumidos por discussões e um foco nos incômodos menores. A briga dos egos, as disputas de facções, os incômodos mosca, os incômodos coitadinhos. Na hora que fizermos como meu amigo vendedor me dizia, dobraremos o país de tamanho, então vamos lá: pare de reclamar e vamos vender.

Ao descobrirmos o poder da criação, nos afastamos da massa dos dominados pelo poder do incômodo, tanto os falsos e inúteis, que amplificam as ilusões da nossa mente, e geramos forças preventivas e resilientes para o poder do incômodo entrópico e apocalíptico. Vamos atingir o estágio da consciência.

CAPÍTULO 11

Consciência

"PARA QUEM NA VIDA VOCÊ É IMPORTANTE? PARA SERMOS PLENAMENTE NÓS MESMOS, SOMOS OBRIGADOS A NOS LIGAR AO PRÓXIMO."

Flávio de Toledo

11

Há um caminho de Leon a Santiago de Compostela, na Espanha, que é desconhecido da maioria das pessoas e fica fora dos roteiros dos caminhantes. Ele passa por um minúsculo povoado – Cuerigo, em Astúrias, região espanhola. Ali, uma mulher guarda consigo uma missão de vida, de legado, preparando e organizando o que chama de "caminho do conhecimento".

Dona Margot Castanon Velasco criou um hostel fenomenal, o Ca'l Xabú, onde, com seus dois filhos, oferece um show de gastronomia e de hospedagem, no pé das montanhas asturianas. Muitos *pueblos* espanhóis estão sendo abandonados, porém dona Margot é uma das poucas resistentes que, além de permanecer ali, cria valor e compromisso com uma obra. Makiguti, educador japonês, escreveu: "Se não vencermos na nossa própria geografia, não venceremos nas outras".[18] Dona Margot compartilha da mesma visão de mundo e fez da sua vida um exemplo rico para nos inspirar. Dentro da criação, o labor, a ética e a estética, com o amor, estão presentes.

Estética, pois o que ela cria e faz nesse minúsculo *pueblo* é belo. Ético, pois é rico de qualidade e compromisso com toda a sabedoria milenar do lugar. O labor, o trabalho como valor inegociável, e o amor. E amor na expectativa não de receber as perfeições, mas de aperfeiçoar o imperfeito. Em espanhol, ela diz: "Se mimas um pouco a terra, ela te presenteia". Como os Beatles cantaram: "*The love you take is equal to the love you make*" – o amor que você recebe é igual ao amor que você cria.

A consciência de ser possível renovar as riquezas e criar qualidade de vida para muitos está presente nessa líder local. No seu hostel, conversamos, e ela me levou para ver as castanheiras da propriedade.

---

18 ROSS, Rita Ribeiro. **A pedagogia da felicidade de Makiguti**. Campinas: Editora Papirus, 2013.

Árvores, me dizia, com mais de trezentos anos e que continuam a produzir. Ela tem a consciência da criação para dizer: "Com novas castanheiras, com produção de aromas, produtos medicinais nas suas entrelinhas e pecuária junto, podemos recriar uma riqueza e vida de elevada dignidade para muitos. A Espanha abandonou seus *pueblos*. Os jovens se foram. Não vai haver empregos e lugares para as novas gerações fora do empreendedorismo. E isto aqui é um paraíso à espera da mão do trabalho e do amor de pessoas. Mas é necessário trabalho".

A consciência da possibilidade de transformação de regiões, povos, países, empresas e vidas significa a transição de uma fé cega para uma fé pensada. É o famoso "eu consigo". Não por um ímpeto de saber que podemos, mas pela consciência dos meios para isso.

Vamos sempre relembrando que, para chegarmos à consciência, iniciamos nosso percurso incomodados pelas imperfeições que nos cercam. Escrevo agora aqui das montanhas de Astúrias e, no noticiário, os agricultores espanhóis param as estradas reclamando por preços justos para seus produtos. Estão incomodados com a imperfeição do sistema das cadeias produtivas onde estão inseridos.

A solução para seu aperfeiçoamento é antiga. Outro visionário à frente do seu tempo, o Professor Doutor Ray Goldberg, descobriu essas imperfeições e, na Universidade Harvard, em Boston, nos Estados Unidos, criou, nos anos 1950, o conceito de *agribusiness*, ou agronegócio. Ele afirmava que "a interdependência dos elos que levavam a comida do campo aos consumidores precisaria ser gerida com harmonia, caso contrário a desconfiança e os problemas de elos dessa corrente terminariam por quebrar a corrente". Ou seja, a imperfeição nos sistemas gerou os incômodos.

Muito bem, então, retomando: dos incômodos, surge a coragem para compreender a necessidade da luta pelo aperfeiçoamento. Com a coragem, geramos a confiança de podermos prosseguir. Com a confiança, aprendemos a confiar no próximo, e o milagre da cooperação aparece como a fórmula para os próximos passos na solução das imperfeições. Da cooperação, adquirimos a sabedoria da criação, pois nada mais se criará sozinho e, da criação, constatamos então a consciência. Sabemos

CAPÍTULO 11 CONSCIÊNCIA

A consciência da possibilidade de transformação de regiões, povos, países, empresas e vidas significa a transição de uma fé cega para uma fé pensada.

ser possível. Não porque crenças ou milagres nos revelaram, mas porque a conquista humana do conhecimento assim nos permite atuar. E, disso, vem a fé pensada, carregada de estima e valores de vida, acompanhada de ciência, gestão, estrutura, design e procedimentos. É importante voltarmos às nossas fontes espirituais, conversarmos com as vozes dos legados e ancestrais. Uma conversa com Deus, íntima, interna, mas com o chamamento do entorno invisível e desconhecido, que nos toca com fluxos intensos de vida presente.

Uma fonte de água limpa jorra seu líquido por séculos. E ali, em Cuerigo, onde meus ancestrais viveram, de novo me aproximo e pergunto. Da primeira vez que aqui conversei com Deus, ouvi dessa sinfonia de águas aquela mensagem que me tocou e incomodou a alma. Ao voltar, sob o mesmo frio e a neve que branqueia essas montanhas como os cabelos brancos de anciãos sábios, o que levo? E, de novo, no meu cérebro ficou impressa a seguinte mensagem: "As mais profundas provocações nos levam ao extremo do conhecimento. Aprenda antes que se rompam para saber com menos sofrimento".

Então, me aprofundo ainda mais. O poder do incômodo é deveras incomodante, e aquilo que nos incomoda também nos tortura. O que levo de sabedoria dessa fonte, conhecida como Y Lavadero, por onde ancestrais amados largaram e plantaram pedaços de si mesmos? E lá veio: "Quanto mais nos revoltamos com o que passamos, mais prolongamos a amargura. Transformar a revolta em compreensão é a fórmula da superação com doçura".

Portanto, ao criarmos, geramos uma consciência que jamais deixará de pedir pela pureza da fé. Pode e deve vir carregada de aprendizagem, conhecimento e sabedoria testada por milênios de legados. Essa fé d'alma sempre nos permitirá conversar com as forças do secreto, do segredo.

A consciência nos diz, então: "sim, eu sei, é possível, mas agora de nada adianta a revolta contra o que nos está impedindo de partirmos para a conquista. É preciso compreender. A partir da magnânima força da empatia, compreendemos. E, disso, surge a doçura, como o outro lado da amargura".

Criação ainda não significa conquista. Conquista vai exigir persuadir, envolver e cativar corações e mentes. O caminho para as mentes humanas exige a humildade de fazer o roteiro da aprendizagem pelo coração. Quando digo coração, não é o órgão que bombeia sangue, mas o que extrai e pulveriza vontade de vida, significado e sentido.

A consciência é o estado já em andamento da vitória sobre os incômodos, ou melhor, o aperfeiçoamento deles compreenderá a administração, estrutura, organização. Para resolvermos problemas públicos e governamentais, precisaremos da sociedade civil organizada. Como? Onde? Não se espante. O futuro já existe. É questão de olhar com os olhos dessa certeza.

A fé sempre vai encontrar o que a própria fé determina. E, nesse caso, basta olhar cidades brasileiras que progridem mais do que outras e, ali, veremos a sociedade civil organizada atuando e gerindo as questões das imperfeições, que não podem, nem por inteligência nem por justiça, serem delegadas exclusivamente ao prefeito, a seus vereadores ou ao poder da justiça. É necessário o poder dos poderes, a organização social. Um exemplo? Maringá, o município com o melhor Índice de Desenvolvimento Humano (IDH) do país,[19] é um modelo a nos inspirar e nos fazer olhar para essa possibilidade criadora, de consciência e de conquista de uma administração muito melhor.

---

[19] BRETAS, Valéria. **As melhores e piores 100 grandes cidades do Brasil**. **Exame**, 16 mar. 2017. Disponível em: https://exame.com/brasil/o-ranking-do-servico-publico-nas-100-maiores-cidades-do-brasil/. Acesso em: 11 dez. 2020.

Os procedimentos da superação exigem orquestrabilidade, fazer o conjunto atuar e operar como uma sinfônica. Estar acima de jogos falsos de ego, de prisões mentais do passado. Não é o passado que vai criar a metamorfose do futuro. O caminho é escolher as partes do passado, editar o passado, reeditar o presente e agir agora, neste ano, como se você já estivesse vinte anos além. Meu amigo Dr. Joaquim Machado, geneticista, sempre me ensina: "Quer inovar? Fácil, vá agora para trinta anos na frente e aja como se já estivesse lá".

Imagine. Faça de conta, como as crianças. Faça de conta que estamos agora vivendo trinta anos adiante do nosso tempo. Como você imagina a Índia, a China, a Indonésia, com suas populações? Como serão os Estados Unidos, a Europa? E o nosso Brasil? Como seremos daqui a trinta anos? Se projetarmos o passado para o futuro, com todos os seus incômodos, vamos desenhar uma ficção científica de horrores. Precisamos projetar a dimensão dos incômodos e aceitar as lutas deles advindas.

Para quem diz que não crê na globalização, sinto muito. Um vírus gerado num canto deste planeta acaba de colocar toda a civilização em risco. Estamos condenados à reunião, à cooperação e ao compartilhamento. Há coisas na vida de que você pode gostar ou não, mas elas acontecerão, pelas leis dos movimentos inexoráveis e inevitáveis. Vamos então imaginar 10 bilhões de pessoas, todas interagindo freneticamente em um universo de redes sociais interligadas além da internet das coisas, ligando inventos inanimados entre si e gerando inteligências artificiais com manias e chiliques já chamados de BOE – *behaviour of everything*, o comportamento de tudo com tudo.

Aí, a desigualdade será o caos entrópico do século, e a luta perante esse incômodo algo que nos movimenta. Mas lembre-se de que é possível fazer o movimento errado e, se isso acontecer, você estará seguindo e ampliando o poder dos incômodos inúteis, tolos, de valores e também acelerando a entropia, o apocalipse.

A grande luta se dará pela luz da verdade, aquela que seguirá o inexorável inequívoco de que todo ser humano veio ao mundo para ser feliz. Nenhum ser humano pode ser feliz às custas da infelicidade do outro. Os valores de felicidade serão revalorizados para incluir bilhões e bilhões de humanos de forma mais equilibrada nesta bolotinha chamada Terra. Ninguém conseguirá ser feliz se o planeta não for amado. E a Terra responderá com amor ao amor que receber.

Será que uma nova Bíblia será escrita? Acredito que sim, uma na qual a felicidade e a diminuição do sofrimento preencham milhares de páginas. Na qual a sabedoria não permitiria a expulsão do Paraíso. E uma na qual o Apocalipse, o Armagedom, desemboque na sintropia, e os mornos prefiram, na virtude de suas consciências, o caminho da aprendizagem, do conhecimento e da única luz legítima: estamos aqui para aperfeiçoar o imperfeito. Deus é legal. Não nos fez prontos, portanto seremos o legado de cada um de nós.

Pense na consciência de Shunji Nishimura, fundador da Jacto, ao ser perguntado "e se a crise quebrar a empresa?" e respondendo "Nishimura faz outra". A consciência de Alexandre Costa, fundador da Cacau Show, indo viajar pelo mundo ao completar 50 anos.

Hoje, o mundo está dominado pela conjunção "ou". Mas, se a Terra deve ser guiada para a felicidade, o "ou" representa de partida a exclusão. Ou isto ou aquilo. Aliás, fazia parte da velha educação: "Menino, ou isto ou aquilo, você não pode ter os dois". E o mundo metamorfoseou-se, mudou, e agora vivemos a era do *design thinking*, que exige tomar posse de múltiplos retalhos, múltiplos saberes, e a arte da inovação passa exatamente por colocar "isto e aquilo".

Pense, por exemplo, em um telefone e um computador. Ainda nos anos 1980, tive aula com um dos pioneiros do que viria a ser a internet

A consciência nos diz, então: "sim, eu sei, é possível, mas agora de nada adianta a revolta contra o que nos está impedindo de partirmos para a conquista".

no Brasil, o professor Fredric Lito, e, ali na Universidade de São Paulo, suas classes eram chamadas de "TV bidirecional", falando de televisão, telefonia e computador. Para quem acha que modernidade só existe no seu tempo, já ali naquela época, junto com Ney Bittencourt de Araújo, então presidente da Agroceres, uma empresa nacional que dominava a genética de milho, hortaliças, sorgo, suíno e aves, eu procurava criar uma rede conectando os produtores de hortaliças de Mogi das Cruzes, polo horticultor de São Paulo, com o mercado. O objetivo era gerar transparência. A tecnologia? A TV bidirecional.

E ainda hoje, com a rede mundial atuando em mais de 9 bilhões de celulares, vejo movimento de agricultores parando estradas para reclamar das injustiças dos preços entre o que recebem e o que o consumidor final paga.

O incômodo mais poderoso de todos acontece quando a consciência nos confirma e nos assegura de que fazer tal obra, tomar tal decisão, é o certo, o legítimo, que podar o enxerto da macieira agora é vital para gerar um arbusto. Tendo consciência, precisamos nos expressar. Mas há coisas que você sabe que não serão feitas de imediato. Claro. E então vem a frase sábia de Paulo Freire, educador brasileiro: "Precisamos saber o que tem que ser feito agora, para que o que não pode ser feito agora possa ser feito amanhã".[20]

Essa sabedoria de Freire pode nos trazer benefícios imensos se a trouxermos para nossa vida agora. Estamos no patamar da consciência. Ela incomoda, pois nos permite ver e antever causas e efeitos. Perguntei para o jovem German, habitante que convive com o legado da natureza do Pueblo de Cuerigo: "Você está plantando as novas macieiras; quanto tempo leva para produzir?". "Cinco anos", me disse ele. "Essas já vêm com denominação de origem daqui." Parece muito, mas o pessoal científico demorou ainda mais para produzir aquele material genético, aquelas mudas. Os visionários enxergam mais longe. Demi Getschko, pioneiro da internet no Brasil, com quem trabalhei no grupo do jornal

---

[20] FREIRE, Paulo. **A pedagogia da esperança**: um reencontro com a pedagogia do oprimido. 27ª ed. São Paulo: Paz & Terra, 2020.

O Estado de S. Paulo, me dizia ter visto Jeff Bezos, no MIT, falando do início da Amazon, explicando que o pessoal usava até joelheiras para se abaixar e pegar os livros e carregá-los para mandar pelo correio.

Sim, o mundo cresceu de forma exponencial na virtualidade, porém precisa que as coisas se concretizem em algum momento, senão a entrega não ocorre. Pensem no começo do começo. Não sabíamos explicar o "como", mas tínhamos a consciência do "o quê". Steve Jobs olhava e se via como parte dos seres humanos que "mudaram o mundo". Eram os diferentes. Ele não vendia computadores ou telefones. Vendia mudança e a promessa de transformar os próprios clientes em *change makers*.

Mas de que vale falarmos de empresários, empreendedores, cooperativistas, músicos, esportistas, artistas, políticos ou circenses, palhaços e malabaristas se a consciência do labor, da ética, da estética e do amor não transcenderam a obra feita em si? A dimensão da consciência necessariamente vai envolver a inclusão. A solidariedade. Um *design thinking* humano. Para isso, precisamos acordar os líderes. "Cada ser em si carrega o dom de ser capaz, de ser feliz", canta Almir Sater e Renato Teixeira. Cada ser também, da mesma forma, tem o dom da liderança. A consciência cultural de liderar não significa uma simplificação de estar em postos para mandar em alguém ou em muitos, mas a vontade educadora do líder.

Vou dar um exemplo. Caminhávamos em uma manhã gelada por partes daquele futuro caminho da aprendizagem e do conhecimento, ali pelas portas de Cuerigo, subindo alguns metros para Valeverruga. O abandono era a marca presente. Casas que já presenciaram sonhos e vontades humanas deixadas ao tempo. Uma delas, onde meu irmão Manoelito se escondia da civilização (ele vivia sozinho nas montanhas) ou da barbárie, ficava cruzando o rio Aller das pedras rolantes.

Nesse conjunto de abandonos, uma castanheira de quinhentos anos ainda se impõe. E produz castanhas. Três cachorros de casa, presos para não escaparem pelos campos e serem mortos por animais selvagens ou outros cães briguentos, ao verem a presença humana, quase enlouqueceram. Batiam-se contra as grades das portas. Alguém por ali passava a cada um ou dois dias e deixava-lhes alimento. Mas era por outro alimento que aquela consciência animal implorava, gania, uivava.

Ver o incômodo poderoso da falta da mão humana, do dono a quem pertencer, transformava a presença daqueles três *perros* em motivo para reflexão. Havia consciência, de minha parte, de uma vontade. A genética do cão querendo pular e ter o afago do amor humano. Ao redor, casas de pedras frias, abandonadas. Manoelito não estava mais ali. Os cães sim. Choravam e me fizeram chorar. Fotografei no meu celular suas faces caninas de mais uma resignação com outro caminhante que se afastava, agora já arrebatado pelas flores das primaveras.

Não escutava mais os ganidos suplicantes de amor dos três animais, mas, à beira do caminho por onde eu pisava, flores brotavam como querendo insistir, persistir e jamais nos fazer duvidar da consciência superior de uma natureza que, plena de suas imperfeições, consegue nos dizer: "Olhe, estas flores que anunciam a primavera nascem ao longo do caminho para o florir. Representam a ética, a estética do belo e o amor supremo, pois se dão, sem nada pedir, ao labor de criar-se e procriar-se".

Os uivos caninos abandonados no *pueblo* de Valeverruga, incrustrado nas montanhas asturianas, soam como o gemido da consciência que quer sair, libertar-se, e, quando não consegue, encontra a boa desculpa. Precisa ficar ali preso, pois, se sair do cárcere, o mundo lá fora poderá matá-lo. Será que uma consciência presa já não morreu? Precisamos superar os incômodos alienantes, as forças de egos que nos colocam longe do poder da cooperação.

Sem dúvida, a conquista só pode vir com a cooperação, e conquista que perdura é aquela que para sempre dura. Há causas eternas, valores imutáveis e efeitos que podem levar muito tempo para se apresentar. Contudo, mesmo assim, se tivermos a alegria do amor ao instante e a consciência da felicidade caminhante, o caminho, por mais tortuoso que possa ser, sempre nos apresentará os sinais de que vale a pena. Colha as flores que nascem à beira dos caminhos. O caminhante da aprendizagem, da sabedoria, de uma Pedagogia da Superação, precisa integrar as forças convergentes do Universo com as sabedorias humanas já apreendidas.

Uma boa cultura humana é aquela em que quem sabe ensina, mas não espera que o aluno solicite aprender. Ensina o que sabe de muito bom grado. Corrige um erro que o vizinho esteja cometendo. Mas com qual autoridade faz isso? A autoridade da dignidade humana. Não o fará por arrogância ou demonstração de superioridade. Ao contrário: os melhores mestres e professores são aqueles que ensinam através da humildade do grande saber.

O que é a humildade do grande saber? Tornar o "como", ou geralmente uma integração de minúsculos "comos", em uma satisfação distribuída de "dignidades capilares". Eu ensino, eu mostro, pois sinto nisso uma felicidade interior gigantesca. Não é por dinheiro, não é para ferir o orgulho dos próximos. É simplesmente pelo prazer de ver o aperfeiçoamento sendo exercido. Pois, claro, sabemos ser o mundo uma obra imperfeita e inacabada. E, dentro de nosso mundinho terreno, a missão das missões consiste em uma contribuição pelo seu aperfeiçoamento. Cruzamos a fonte da coragem, sem a qual não beberemos da água limpa. Temos dentro de nós o princípio da confiança. Não duvide do seu destino, leitor. E é proibido ter medo.

Tome cuidado com aqueles que lhe estimulam o medo. E saiba sempre que ter medo não é o mal, mas acovardar-se, sim, é falta de caráter. Da confiança em si, geramos a confiança no outro. E disso surge a força da cooperação. É o que sempre digo aos meus amigos cooperativistas, setor da humanidade que respeito e amo. Há mais de 1 bilhão deles na Terra e, onde quer que se reúnam sob a legítima filosofia cooperativista, mesmo que houver miséria, criam riquezas – para todos, não apenas para alguns. Nessa cooperação, exercitamos a possibilidade da "capilaridade da dignidade", ou seja, distribuirmos dignidade humana para muitos. A partir dessa

CAPÍTULO 11 CONSCIÊNCIA

> *Uma boa cultura humana é aquela em que quem sabe ensina, mas não espera que o aluno solicite aprender.*

cooperação, criamos e, dessa criação, adquirimos a consciência do saber fazer e de poder ser e ter.

Agora, é preciso conquistar. Sem a conquista não haverá felicidade. Roberto Shinyashiki defende isso em um de seus best-sellers, *O sucesso é ser feliz*.[21] E eu afirmo: sem sucesso, não seremos felizes. E sucesso é tão importante que não podemos deixar alguém nos dizer o que ele é para cada um de nós. Para minha mãe adotiva, Rosa, sucesso era ver seu filho, eu, ser o que ela chamava de um "grande homem". E eu preciso honrá-la, pela felicidade com a qual me entregou a obra da sua alma, nos meus resgates de superação. Havia amor, ética, estética e labor nas relações dessa amada mulher que me tomou para criar. E quem cria ama.

Sucesso para mim? Manter a criança interior viva e presente em tudo o que faço. Agora, saindo da consciência para a conquista, o que é esse sucesso? Permitir que todo ser humano possa aprender, conhecer e se educar para a superação em uma vida na Terra. E que possa distribuir isso por onde passe.

Em uma residência para idosos, em Gijon, na Espanha, visitei minha tia Maruja, de 90 anos, que fez questão de me apresentar uma brasileira, Cristina. Linda baiana, chegou à sala com as senhoras idosas, todas com dificuldades de locomoção, de escutar, de enxergar, pelo avanço da idade. Quando Cristina entrou, pareceu que uma luz de alegria se irradiou. Essa mulher revelava uma gigantesca felicidade de ali estar, sendo querida por todos, tendo um carinho especial dessa minha tia.

---

21 SHINYASHIKI, Roberto. *O sucesso é ser feliz*. São Paulo: Editora Gente, 2012.

Cristina, da residência de idosos de Gijon, é um ser de sucesso? Sim. Sua obra a revela. E a felicidade? É meio. Sem felicidade, não vamos olhar as flores que nascem à beira dos caminhos do caminhante e guardaremos apenas a amargura uivante dos cães guardados nas casas geladas cujos donos, mesmo em espírito, já as abandonaram.

CAPÍTULO 12

Conquista

"NÃO TENTEIS.
FAZEI."

Apóstolo Paulo

12

O que você já conquistou na vida? Onde você estava poucos anos atrás e onde está hoje? O que você definiria como conquista? Escreva. Sucesso é uma estrada, uma jornada interminável, em que todo mundo passa por transformações. O perigo é estacionar em uma das primeiras paradas dessa autoestrada da vida e, dali, não querer mais sair. E por que não podemos parar de pilotar na autoestrada das nossas jornadas? Porque não tem jeito, pagaremos preços imensos pelo estacionamento. Assim, precisamos seguir criando, fazendo, conquistando e vivenciando.

Agora, com a ciência, não morremos mais tão cedo. Com 80 anos, você pode ter ainda mais trinta de vida pela frente. Com 50, então, tem outro tanto para viver. Imagine, então, ler agora este livro para uma criança de 10 anos, filhos, netos, sobrinhos ou alunos. Essa criança hoje, sob condições normais, deverá viver mais de cem anos. Quem sabe até 120? Então, como a prepararemos para as conquistas da vida? Nos anos 2050, ela terá ainda apenas em torno de uns 40 anos! Em 2080, 70 anos e ainda outro tanto para viver. Terá chances imensas de ainda estar viva depois de 2120. Você consegue imaginar quais os níveis de conquista dessa criança pelos próximos cem anos?

O que precisamos ensinar como fundamento dos fundamentos para que esse filho, neto ou criança adotada, acompanhada por você, não se perca na indiferença dos mornos e, com isso, termine abatida logo pelo continuar dos incômodos do planeta? Isso acontecendo, ela acabará por se entregar, se abandonar, permitindo a evolução da depressão, do pessimismo, do ceticismo, do niilismo. Está na educação o fator decisivo sobre a conquista das vidas doravante. Morríamos cedo. Aposentávamos cedo. Tínhamos uma programação mental completamente ordenada no passado.

Casamentos até 25 anos, limite máximo. Trabalho, casa e família. Aposentadoria para abandonar totalmente o que considerávamos trabalho. Um meio de subsistência e criação dos filhos. Aos 55 anos, já aposentados, criar passarinhos ou caminhar pelo bairro, ou ainda ir à porta da indústria onde servimos por 35 anos para reencontrar velhos amigos no bar da esquina e jogar dominó todas as tardes. Morrer aos 60, 65, 70 anos de forma absolutamente previsível, esperada e normal. O mundo já mudou. Agora, imagine como mudará para uma criança que tem apenas 10 anos hoje e estará viva em 2120?

A humanidade terá resolvido muita coisa básica. Saneamento, sistemas de saúde, alimentação, segurança nas cidades. A tecnologia e os robôs terão substituído todos os antigos trabalhos repetitivos e braçais. Uma sociedade em busca de erro zero nas suas transações, operações. Diminuição dos enganos humanos nos transportes, medicina e agronegócio. Então essa criança precisa responder à seguinte pergunta agora: "O que ela fará que não será substituído por um robô?". Como poderá conquistar um mundo genuinamente analógico dentro de um universo de digitalização? Como mergulhará nas redes profundas interativas sem ficar boiando, surfando apenas nas suas superfícies cada vez mais hipnóticas?

Qual será a maior de todas as conquistas do mundo? Conquistar a si mesmo, antes de achar que pode conquistar o outro e o mundo lá fora. Essa conquista vai exigir ausência de dúvida. A diferença entre a essência e a ciência estará na consciência, essa que parte da coragem, que não deixa dúvida de estarmos em um mundo mutante, errático, imperfeito, com incômodos permanentes. Mas isso, em vez de ser ruim, negativo e indesejado, é um parque de diversões, um luxo maravilhoso, para brincarmos e nos divertirmos como aperfeiçoadores das imperfeições.

Portanto, coragem. Quem morre de medo morre antes. A coragem permite a autoconfiança. Existo para fazer isso e me espelho nas provas dessas possibilidades. Elas existem em qualquer canto do mundo e da vida. Direciono o olhar para essas evidências e, aí, estabeleço meu plano. A obra. O design das minhas vocações. Com o plano, vem a magia do ALEE, os elementos para superarmos tudo. Afinal, vidas que chegarão a mais de 100 anos seriam um verdadeiro inferno sem fundamentos de ética.

Desse plano, nascem a cooperação, a criação e a consciência da possibilidade. Então mergulhamos nos procedimentos da conquista. Chegamos à arquitetura do conquistar, que requer dominar os procedimentos, compreender as realidades tecnológicas e administrativas, legais, os movimentos de cada microépoca que nos levará ao futuro dos próximos cem anos. Saberemos que aprender a aprender e jamais perder a criança interior que vive dentro dessa criança de cem anos é a poção, o pote, o elixir capaz de transformar os benditos e eternos incômodos em soluções criadoras, e estas em conquistas – sejam patrimoniais, intelectuais, sociais ou absolutamente íntimas e pessoais.

A organização da conquista, a estratégia, é tudo o que vem antes do fazer. Tática é o fazer em si. Métricas e organização resiliente é o que precisamos para enfrentar as incertezas e os incômodos que, de forma ainda mais veloz, nos carimbam e marcam ao longo da jornada. Nessa altura da conquista, você já deverá ter abandonado os poderes do incômodo inúteis, dispersivos, os guiados pelos egos.

Observe quanta gente bem formada, com posição de liderança no país, não consegue orquestrar saídas locais, regionais e para a nação por brigar entre si. Tomados por incômodos nefastos e valores fundamentados na própria egolatria, inibem a possibilidade de saídas importantes para resolver legítimos incômodos divinos, os criadores, os sintrópicos.

Qual será a maior de todas as conquistas do mundo? Conquistar a si mesmo, antes de achar que pode conquistar o outro e o mundo lá fora.

Nações, cidades, bairros e regiões do mundo sofrem em função disso. Para que a fase conquista chegue, a superação dos incômodos que nos distraem e dos incômodos falsos precisa ser alcançada.

Aí vamos constatar que, ao longo desse caminho, além dos aliados, precisaremos ter desenvolvido equipes e transformado gente indiferente em consciente de sentido e missão. Assim é uma boa cooperativa bem liderada. A conquista é fator comum para todos. É como quando vamos desfilar em uma escola de samba sem saber o samba-enredo nem entender nada de Carnaval: deixamos de ser indiferentes, imitamos quem sabe do nosso lado, pois a preocupação é com a vitória, a conquista de todos. A vergonha íntima por ser responsável pelo insucesso do todo deve ser superior às forças da "mornidade" e da indiferença. Como criamos os indiferentes?

Eles resultam da indústria das ilusões. E como separar sonho de ilusão? Sabendo que não são sinônimos. Sonho é o desejo veemente, a força motriz da vida humana. E ilusão, ao contrário, é o engano dos sentidos e da mente. É o falso, a *fake mind*. A pessoa *fake* vive iludida, não sonhando. Para separar uma coisa da outra, é só observar a própria vida e conversar com ela. Se Deus nos fez à sua imagem e semelhança, carregamos Deus dentro de nós e podemos dialogar com o criador.

Preste atenção se seus atos, conversas, comportamentos e o uso do seu tempo estão provocando mudanças nas realidades que o envolvem – mudanças ascensionais, evolutivas, progresso. Se sim, você está sonhando, pois sonho é aquilo que se faz com a realidade, a vida na prática. E como identificar a ilusão? Da mesma forma, é só observar a vida em si, como ela responde para você. Se é com um caminhão de insucessos, fracassos, se é com evidentes atrasos, uso infrutífero do tempo da vida, com relações humanas desastrosas. Se a vida fala, mostra e às vezes grita "Pare de me tratar mal!", significa que você vive nas ilusões.

Isso não significa que sonho é sinal de que está tudo bem, que todos concordam com você, que não existam os legítimos e verdadeiros incômodos. Sim, o sonhar implica transformar realidades. Exatamente por vivermos em um universo de imperfeições e sermos aquecidos pelo progresso, a vida exigirá sempre mexer no que está perdendo e não se deixar iludir pela zona de conforto e acomodação do que está ganhando.

A fábrica dos mornos indiferentes pode ser explicada nos exemplos que o neuropsiquiatra Viktor Frankl, um dos marcos teóricos deste livro e de minha tese de doutorado, ensinava em uma série de livros, aulas e conferências que fez pelo mundo, a Logoterapia, criada por ele depois de superar um dos maiores e mais tenebrosos incômodos vividos pela humanidade: os campos de extermínio nazistas na Segunda Guerra Mundial. Frankl registrou que indiferentes e insensíveis são o outro lado da moeda de amorfos e destituídos de sentidos superiores pelos quais vale a pena viver.

No campo de concentração, Frankl registrou que, inicialmente, havia uma ilusão, uma falsa noção de realidade do que seria encontrado. A disputa pela vida era extremamente mais difícil do que o imaginado, e a vida nua e crua criava um choque de realidade, no qual todos eram tomados por estratégias de como sobreviver, como não ser escolhido, como transferir o seu número de embarque para outro etc. O humor ácido tomava conta e surgiam piadas. Mesmo o terror das fumaças dos crematórios virava comentários de prisioneiros sobre a única forma de sair de Auschwitz.

Em seguida, ocorria a apatia e, junto, a insensibilidade emocional. O desleixo interior e a indiferença. Essa indiferença, a nossa "mornidade" aqui deste livro, ao mais tenebroso e pérfido ambiente terminava por funcionar como uma couraça. Ou seja, para negar e me proteger de um mundo que não aprendi a gostar, amar, ter coragem para nele viver e progredir, eu me escondo em um escafandro, em uma armadura, e me fecho, indiferente e insensível.

Qualquer êxito, mesmo o gerado por indivíduos insensíveis, para atingir a fase da conquista, vai exigir muito tônus e agressividade perante a vida. Nas forças malévolas, há um frio. Inexoravelmente, exigirão preços pessoais gigantescos se não tiverem a felicidade de o quanto antes morrerem. O paraíso na Terra beneficia e agradece os contrários dos frios insensíveis. Mas a fábrica dos indiferentes nasce das ilusões e forma,

Preste atenção se seus atos, conversas, comportamentos e o uso do seu tempo estão provocando mudanças nas realidades que o envolvem.

então, uma massa de seleção e recrutamento para as falanges insensíveis que não querem tratar dos assuntos da vida a serem aperfeiçoados e até acham que os que sofrem e escolhem péssimas lideranças em governos, por exemplo, merecem, pois, de alguma forma, são culpados. A culpa é colocada no outro.

Em minhas reuniões com parentes de vítimas do acidente da boate Kiss, em Santa Maria (RS), e em outras situações extremas, pude observar a presença de parte de uma sociedade indiferente e insensível às realidades em andamento. Essa luta da conquista também vale para nossa carreira, estudos, empresas, organizações e até para a gestão do nosso time de futebol.

Voltando às intensas e profundas experiências de Frankl nos campos de concentração, os insensíveis, originados dos indiferentes iludidos, eram chamados de *kapo*. Eram prisioneiros feito chefes, supervisores ou encarregados de outros prisioneiros. Havia ali uma seleção negativa; os mais brutais eram escolhidos. Como uma forma de sobrevivência, esses prisioneiros transferidos de campo para campo só conseguiam manter-se vivos a partir da ausência total de escrúpulos e não hesitavam em usar métodos violentos e inclusive roubar outros prisioneiros.

Só teremos chances verdadeiras de conquista estando plenos do aprendizado nascido da coragem, da autoconfiança, da confiança no outro, da cooperação, da criação, da consciência e da legítima fé pensada, da possibilidade. A conquista nos trará lutas. No ambiente do desenvolvimento de uma startup, por exemplo, os jovens criadores ouvirão "nãos", serão desacreditados. Precisarão enfrentar competidores, alguns deles vorazes, frios, agressivos como os *kapo*. Vão sentir-se por vezes como se ninguém no mundo os entendesse. A conquista é a marca no peito dos guerreiros. A hora de fazer consigo e por si mesmo. Com sua equipe, seu grupo, a força da cooperação.

Conheci um grande empreendedor português em uma reunião de lideranças de várias partes do mundo. Um desses homens que a gente vê e admira. Corajoso, sem dúvida alguma, enfrentava o mundo de maneira obcecada e com grande foco. Era criativo. De repente, tudo desmoronou. Surgiram acusações, perseguições, e tudo o que ele construíra por anos desabou em trinta dias. Nós nos reunimos em um hotel de Lisboa, e fiz esta pergunta a ele: "Qual é o maior aprendizado dessa sua experiência, que tinha tudo para ser um imenso sucesso e foi destruída quando você já havia conquistado muitas posições?".

Ele me disse de forma franca e direta, como uma pessoa que havia compreendido e processado muito bem a amargura do que viveu, e ainda vive, pelo abandono de todos: "Me faltou inteligência emocional, eu brigava com todos, obcecado pela ânsia de ter sucesso e realizar os negócios que nunca ninguém havia realizado. Eu era um líder autoritário e com isso me faltou a coisa mais importante do mundo: equipe. Eu criava equipes, mas as destruía. E, ao afastar pessoas boas do meu lado pelo meu gênio intempestivo e bruto, fiquei cercado de uns frios e insensíveis que me acompanhavam. Veio deles a traição que me destruiu. E eu não tive ninguém que lutasse comigo na hora dos julgamentos, acusações e do cadafalso ao qual me levaram".

A partir daí, passei a admirar ainda mais aquele português bravo e corajoso, pois ele não colocou a culpa nos seus adversários. Ao contrário, trouxe para si a responsabilidade. Hoje, possui um extraordinário restaurante em Lisboa e, com sua nova esposa, consegue oferecer lições de resgate de si mesmo. Passou por um imenso e poderoso incômodo catastrófico, originado fundamentalmente na falta da empatia e da cooperação. Mas o que é genial na vida, se nos adiantarmos ao próximo capítulo, é que sempre podemos nos recriar e partir da profunda e séria autocrítica quando paramos para nos corrigirmos, como pessoas, famílias, equipes, empresas e nações.

Uma série de conquistas permite outras conquistas, em especial quando nos corrigimos. Se não há nada perfeito, nossas conquistas também não o são, embora, até certo ponto, possam parecer. Ao contrário, sejam quais forem, elas devem remeter-nos a uma necessidade fundamental: parar para consertar, corrigir, criticar. Podemos celebrar pequenas vitórias, claro – aliás, o ser humano de sucesso é o que consegue somar uma série de pequenos sucessos, mas sempre com aprendizado. E o ser humano fracassado é o que consegue acumular uma série de fracassos, mas sem nenhum aprendizado.

A conquista é genial. É quando vibramos. Lembro quando ganhei o Prêmio Governador do Estado de São Paulo de melhor música para teatro, ao lado do meu parceiro Paulinho Novaes. Tinha 18 anos. Que alegria, que exultação. Sim, mas e daí? O sucesso traz uma pergunta. "Ok, você tem essa marca, parabéns, mas e agora, o que vai fazer com isso daqui para a frente?". Cada sucesso, ao pararmos e pensarmos nele, é um novo incômodo, pois significa não estacionar e buscar novos desafios. Novos poderes incômodos nos inundarão com seus medos, vozes, dúvidas, convocações para novas evoluções.

Na minha carreira profissional, sempre fui muito premiado e sempre celebrei. Mas jamais me acomodei. Na carreira de conferencista, um dia, ganhei um prêmio de melhor palestrante, em Paris, na França, num evento multinacional. Uma honraria. Também sou um palestrante Top of Mind de RH. Mas todos os prêmios sempre significaram para mim nada mais do que um degrau. Um reconhecimento da sociedade. Uma conquista. E foram também uma obrigação com aprimoramentos posteriores. As conquistas, muitas vezes já instaladas em nós desde a infância mais tenra, são, acima de tudo, compromissos. Terminaremos por realizá-las, cumprindo os passos da superação dos incômodos deste livro, mas não há uma fórmula desse caminho. O que há é o compromisso. O objetivo.

Minha mãe adotiva dizia: "Um dia, você será um doutor". Eu registrava isso em minha mente enquanto crescia, como um poderoso incômodo. Vir a ser um doutor. Para ela, isso era inimaginavelmente distante, mas ela falava como se já estivesse acontecendo. E aí está a magia. Quando falamos em sonhos, com os quais vamos mudar realidades, tudo já começa a acontecer. Portanto, a conquista de seu filho já nasce nos tempos de bebê. Eu não precisava ser doutor, mas, atendendo a um pedido de um querido amigo, o Dr. Marcos Cobra, maior nome do marketing brasileiro, professor da Fundação Getulio Vargas (FGV), lá fui eu fazer doutorado. Tinha mais de 60 anos. No dia em que a banca me concedeu o título, celebrei não por mim, mas pela dona Rosa.

E quando fui fazer mestrado, anos antes? Precisava disso? Não. Já tinha uma carreira consolidada de executivo, professor desde 1982 na Escola Superior de Propaganda e Marketing (ESPM), na qual, no início, só dava aula quem trabalhava na profissão. Mas fui estudar no Mackenzie. Por quê? Uma senhora austríaca da minha rua de Santos, dona Justina, todo mês me dava um livro para ler, desde os meus 8 anos até os 12, cuidando de minha formação intelectual. Cobrava-me o livro, dava outro e dizia: "Um dia, você vai estudar no Mackenzie. Todos os meus netos se formaram lá". Quando, com mais de 50 anos, fui fazer meu mestrado naquela universidade, dediquei-o a dona Justina.

Portanto, percebe-se que a conquista nasce cedo. Mas, para isso, precisamos derrotar muitos incômodos e ao mesmo tempo compreender definitivamente que incômodos fazem parte das imperfeições do mundo, do viver e da vida e, portanto, são nossos maiores estímulos para o sentido, a razão de viver e uma brutal satisfação de poder estar vivo.

Seremos um dia perfeitos? Jamais. A conquista das conquistas é saber que isso é impossível, mas, ao mesmo tempo, ter certeza do dever de trabalharmos para isso. Como crianças, jovens, tendo um microempreendimento, em ONGs, na filantropia de impacto ou nos cargos executivos e administrativos que tivermos na vida. Não importa onde possamos

Uma série de conquistas permite outras conquistas, em especial quando nos corrigimos.

estar, a felicidade será o resultado da obra, da missão, desde que seja fruto dos sonhos e jamais das ilusões.

A conquista, então, envolve ausência de dúvida. Se duvidarmos, mataremos dentro de nós a possibilidade. Quem teme vencer já está vencido. Em vendas, profissão encantadora, eu diria que quem teme vender já está vendido, não vende. Na vida, da mesma forma, quem teme viver já está abatido. E viver só tem dois estados: quente ou frio.

Isso quer dizer que na conquista existe uma luta? Sim. Não negar isso jamais é sagrado para a possibilidade da vitória. E, novamente, observe bem como as forças entrópicas, vampirescas e sugadoras se reúnem para saciar suas sedes, servindo-se em uma mesa de fast-food de almas humanas para aspirar a energia do mundo e de qualquer lugar deste planeta.

Meu amigo português lutou muito contra isso, assim como um movimento global chamado CEOs Ativistas, que pretende criar um novo capitalismo, consciente, com novas visões e novas métricas para avaliar como deve ser um novo presidente de uma empresa, um novo diretor-geral, um CEO. O perfil ideal não é mais o antigo. Nada mais a ver com o do passado.

Os procedimentos de superação no mundo gigante das finanças, da economia e dos governos já mudaram. Em Harvard, a escola da excelência dos negócios no mundo, executivos, para serem bem avaliados, já precisam considerar e receber notas positivas em responsabilidade social corporativa e sustentabilidade – o bem maior do planeta, do meio ambiente e das pessoas. Não basta mais ser bom só para si. Precisa ser bom para os outros, para muitos e para todos.

Os procedimentos para crescer exigem números, contabilidade. Precisamos saber quanto fizemos a mais hoje do que ontem e quanto fizemos melhor. A conquista exige racionalidade além da emoção, e a avaliação dos números, dos índices e indicadores nos serve de referências constantes de melhoramento. A cada conquista nova, temos um patamar de chamamento para novas conquistas mais aperfeiçoadas ainda. Será que um dia isso termina? Não, nunca, pois o infinito a Deus pertence e, a cada um de nós, é Sua herança.

CAPÍTULO 13

Correção

"O MUNDO É IMPERFEITO, EU DEPENDO DO KNOW-HOW DOS OUTROS PARA VIVER, ISSO EXIGE DE MIM UMA VONTADE ONÍVORA DE APRENDER A APRENDER. QUANTO MAIS INFORMAÇÃO, MAIS ORDEM PRECISO COLOCAR NA DESORDEM."

César Hidalgo

13

Herbert Bartz (*in memoriam*) foi um dos criadores do plantio direto no Brasil, uma revolução agronômica gigantesca. E ele dizia: "Minha máxima era errar, corrigir, errar, tentar novamente, corrigir e seguir adiante". Era chamado de "alemão louco". Poucos acreditavam nas suas experiências. Um dia, decidiu estudar o plantio direto no Brasil, sem uso do arado, plantando com o mínimo de cultivo no solo, pois a natureza, imperfeita, destruiu com uma enxurrada a sua lavoura ali na região dos Campos Novos paranaenses, Castro, Carambeí e Arapoti.

Hoje, praticamente 90% do plantio brasileiro é feito nesse sistema. No início, eram apenas o Bartz, o Franke Dijkstra e meia dúzia de pioneiros. Eles só tiveram sucesso e unanimidade muitos anos depois. Suas conquistas, que vieram ainda em um universo limitado de experiências, exigiram as correções de mais pesquisadores do Iapar, da Fundação ABC, da Embrapa e de universidades.

O momento da correção é a humildade de aceitarmos para tudo a possibilidade do contínuo aperfeiçoamento. Quero que você faça isso com este livro. Vamos deixar duas páginas em branco no fim deste capítulo. Você deve registrar nelas a sua impressão, a sua marca, as correções sobre meu pensamento.

Qual deve ser a minha correção, portanto? O que devo corrigir em tudo o que fiz até agora? Vamos considerar uma resposta positiva para onde eu e você chegamos: "Por que tudo deu certo?". Se estamos aqui juntos, imensas coisas deram certo. Neste livro, já descrevemos exemplos, muitos casos, e espero que você tenha trazido ao topo da sua consciência o progresso que teve em sua jornada. Agora, não importa se estamos falando de quem criou riquezas e fortunas para milhares de pessoas ou da minha amiga Lúcia, que instila alegria

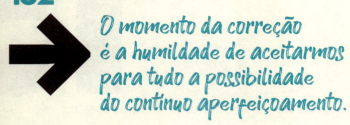

e vida pelos dois filhos criados com o esforço do seu suor nas faxinas, ou, como veremos ao fim deste livro, da dona Zeta, de Taubaté, exemplo vivo do ALEE, construindo a Conceição da Multinacional. Não interessa o feito, e sim o fato.

Posso ainda registrar, como espetacular processo de correção de rumos e foco espetacular nas forças da coragem, confiança, cooperação, criação, consciência e conquista, a Beatriz, filha da Edmea, minha companheira de muitos anos de trabalho e amizade. Essa moça se transformou numa enfermeira de alto nível, criando uma atividade de "cuidadores" solicitada por clientes que são apresentados por outros clientes. Ao mesmo tempo, tocou a sua vida ao lado de dois filhos e, numa transformação daquelas, impactando a visão e a qualidade de vida de muita gente e dos parentes em volta. Tudo isso se deu com a superação de incômodos em relação a estudos, vida pessoal, vida econômica, autodeterminação e protagonismo da própria vida. Hoje, a enfermeira Beatriz é um exemplo de metamorfose, do que foi e fez até um determinado momento da sua existência; na hora de uma autocrítica e da correção de seus feitos, decidiu criar os fatos. Não apenas falar a respeito. Não apenas tentar algo, mas fazer o que neste livro procuramos trazer como teorias e práticas. Fez sozinha? Claro que não. A cooperação foi essencial, principalmente de sua própria mãe. Mas a coragem, a confiança no seu dom, a enfermagem, a criação da carreira, o salto consciente e a conquista só vieram pelo vigor íntimo da sua vontade.

Agora, temos um espaço neste livro para colocarmos juntos o que precisamos corrigir. César Hidalgo, em seu genial livro Why

CAPÍTULO 13 CORREÇÃO

Informations Grows [Por que a informação cresce], salienta que o caos e a desordem nos levam ao estudo, a colocar ordem, algo que nunca para. Podemos ter muito "*know*", o saber, mas precisaremos evoluir sempre no "*how*", o como. Sendo assim, a correção é um processo eterno da arte da vida.

O que eu, neste estágio da minha vida, preciso corrigir sobre tudo o que fiz até agora?

EMPRESA _____
_____
_____
_____
_____

PROFISSÃO _____
_____
_____
_____
_____

AMIZADES _____
_____
_____
_____
_____

FAMÍLIA _____
_____
_____
_____
_____

AMORES _____
_____
_____
_____
_____

ESTUDOS _____
_____
_____
_____
_____

E, como fonte de todas as fontes: o que preciso corrigir no meu íntimo para perseguir o próximo e definitivo passo do sucesso perante os incômodos?

Como provocação para você, deixo aqui o que entendo ser o que mais preciso corrigir em mim daqui em diante: ler e reler este livro para compreender mais e mais o sentido do poder do incômodo. E, de fato, desenvolver na prática o amor ao imperfeito, como exercício extraordinário criativo e de imensa felicidade no seu aperfeiçoamento. Para isso, posso aplicar em tudo o que me cerca essa convicção.

Como já escrevi: não basta tentar, é preciso fazer.

O amor é fonte do único meio saudável para aperfeiçoamento de tudo o que me envolve e, com isso, de mim mesmo.

Vamos lá, escreva aqui:

156 O PODER DO INCÔMODO

Vamos lá, escreva aqui:

CAPÍTULO 14

Caráter

"PRESTA ATENÇÃO
NAS BATATAS, FILHO,
E NÃO SE DISTRAIA
COM O QUE AS PESSOAS
VÃO FALAR AQUI
NA FEIRA."

Dona Rosa, minha mãe adotiva

14

Nada poderia ser mais forte, profundo e marcante do que, aos 7 anos, saído do hospital, com o rosto queimado, minha mãe me pegar pelo braço, me levar à feira livre do bairro e, lá, na primeira barraca, a das batatas, me mandar colocar o foco na escolha das batatas, sem prestar atenção em tudo o que acontecia em volta – a saber, o burburinho da feira, onde todos queriam ver o menino com o rosto deformado: eu. O caráter se constrói com exemplos. E é feito com a educação para o foco. Assim fez minha mãe no primeiro encontro que eu tive com o mundo do lado de fora do hospital e da casa. Caráter exige encorajamento.

"Não tenhas vergonha da tua cara, tenhas vergonha na cara." Ouvi essa frase repetidas vezes do meu pai adotivo, Antonio Alves, que descansa para o eterno na Catedral de Santos, onde minha mãe comprou duas casinhas da morada eterna. Talvez pensasse em usá-la também. Mas quis o destino ("não duvides do teu destino, e é proibido ter medo!") que ela repousasse em Jaraguá do Sul, onde minha amada prima Oleda e sua família tão bem lhe cuidaram nos últimos anos de vida. Assim, caberá a mim a honra de ficarmos, eu e meu maior amigo, meu pai, em duas caixinhas de memória ali na terra da liberdade e da caridade.

O caráter também me foi muito bem definido por meu pai adotivo desde a infância, como já contei. Significava sempre a honestidade, jamais pegar o que não é seu. Era o compromisso inquebrável da palavra. Palavra dada, palavra realizada. Caráter era respeito por todas as pessoas. Não discriminar ninguém por aparência, cor, sexo, raça, idade. Uma verdadeira cartilha sobre caráter me foi ensinada por esse pai adotivo. Mas, claro, o caráter também nos obriga à coragem. Existem enfrentamentos na vida, é preciso lutar com legítimos incômodos. Nos mais altos níveis das relações empresariais, por exemplo, em disputas por negócios. Quando vale tudo e os meios são colocados a serviço dos fins. Como seguir essa linha do "caráter do Antonio" quando estamos nos limites dos que dizem "a regra é não ter regra"? Será mesmo?

Nossos valores, encadeados automaticamente, definem nossas relações e nossos elos em tudo. Nas amizades, nos amores, na carreira, nos negócios e nas empresas. Tenho uma história de mais de 45 anos como executivo. Atuei como empregado de grandes organizações, estive em altos postos de decisão. Participei de negociações de elevados montantes no país e fora dele, com empresas privadas e com governos. E coisas que se mostraram comuns e cotidianas, como a corrupção para o fechamento de contratos, presente na mídia e nas investigações da Lava Jato, nunca me foram solicitadas em nenhuma transação comercial das quais participei. E nunca soube delas nas organizações onde atuei com cargos de responsabilidade na gestão. E essas corporações aí estão até hoje, como exemplos e símbolos de superação do tempo. E as listo como provas interessantes da possibilidade do "caráter do Antonio" ser realisticamente possível: Jacto S/A, Agroceres e o grupo do jornal *O Estado de S. Paulo*.

Mas o que quero dizer com isso? O caráter é resultante da coragem, da confiança, da cooperação, da criação, da correção reflexiva. Parece nos proteger enquanto andamos distraídos. Existem pessoas, empresas, organizações, instituições, governos de bom caráter que parecem formar barreiras naturais. Não deixaremos de ser bem-sucedidos por sermos honestos. Não deixaremos de competir e de vencer por sermos éticos, responsáveis socialmente e atuarmos com consciência de sustentabilidade – não roubar do futuro para ganhar no presente.

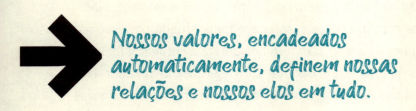

O bom caráter atua com as forças da dignidade humana. Desconhece o mau caráter? Claro que não. Porém, exatamente por compreender muito bem a sua antítese, também o reconhece em altíssima velocidade. Ignorar o mal é o prato mais doce e apetitoso para os malévolos. O caráter forjado para as lutas dentro das regras evolutivas e humanistas, ao contrário de aparentemente nos enfraquecer, cria os mais poderosos guerreiros, tomados e possuídos por um senso íntimo de propósito e de sentido de vida que não se esmaecerá no tempo e muito menos nas ilusões do curto prazo.

Os fortes de caráter criam empresas que superam séculos. Criam organizações que superam as maiores atrocidades das maldades humanas, por atuarem com o futuro sempre a seu favor, pois o mal em si mesmo se destrói. Está na corrente do bom caráter a construção da esperança, quando tudo pareceria um inexorável caos apocalíptico.

Entre o bom e o mau caráter, em que existem a consciência e a reponsabilidade pelos atos e fatos, ocorre o "caráter dos ignorantes". Não tenham aqui a palavra ignorante como ofensiva. Percebam-na como ignorante no sentido de "ignorar". Talvez pudéssemos falar de "caráter sem educação". Afinal, caráter seria a soma dos nossos hábitos, virtudes e vícios, ou seja, deve ser educado. Os antigos se referiam às pessoas de caráter forte como aquelas que não seriam traídas pelas tentações dos caminhos.

Em O senhor dos anéis, por exemplo, o herói Frodo é tentado a não se desfazer de um anel mágico. Por alguns instantes, ele é corrompido pelo poder daquele objeto. Seu amigo Sam é quem o salva (e a todos os hobbits), trazendo a força gigantesca do caráter para a vida cotidiana e mostrando que é pela estrutura dos seus algoritmos íntimos que tomamos decisões a cada instante. E essas decisões, originadas da formação do nosso caráter, é que terminam por definir se estaremos nas rédeas do nosso destino ou atropelados pelas patas desse cavalo selvagem.

Os psicólogos têm estudos profundos a respeito do caráter, bem como outros estudiosos da área da "caracterologia" e da filosofia.

Também vi estudos associando impactos sofridos no útero materno pelos fetos até seis meses como responsáveis pela "impressão digital" diferente de cada ser humano. Mas, para dizer de forma simples, creio no aperfeiçoamento de tudo o que existe na vida.

Se já estudamos potenciais genéticos distintos em seres humanos com alta possibilidade de empatia *versus* outros com menor carga genética para essa característica, como da mesma forma para a agressividade maior ou menor, está na riqueza da educação, de uma Pedagogia da Superação, a legítima possibilidade de construção do bom caráter *versus* o mau. E, principalmente, na generosa e grandiosa educação da maioria do "time do meio", os indiferentes, os ignorantes ou deseducados para as forças criativas e evolutivas da dignidade humana.

Conheço amigos que não gostam dessas relações entre "mal e bem", mau e bom. Elas são, porém, inevitáveis. Na minha experiência de vida, tive as "batatas da dona Rosa" e o "caráter do Antonio". E que coisa incrível: sempre estive ao lado de organizações e instituições nas quais prevaleciam essa moral do "bem".

Não quer dizer que algum de nós seja perfeito. Vamos errar. E cair. Caráter significará assumir os erros, responsabilizar-se por esses erros, levantar-se e, com isso, aprender e fortalecer para o futuro o aperfeiçoamento dessa inteligência que não é artificial. É humana, natural, espetacularmente ascensional, transformadora e eternamente infantil.

CAPÍTULO 15

A Pedagogia da Superação

"ONDE FICA O CASTELO A LESTE DO SOL E A OESTE DA LUA? É UM LUGAR A QUE SE CHEGA TARDE OU NUNCA, EXPLICAM OS SÁBIOS. UM CAMINHO QUE NINGUÉM CONHECE. PORÉM, SE AO LONGO DA JORNADA FORMOS CRIANDO AMIGOS, ALIADOS E AS ESCOLHAS DO BEM, PODEMOS CRIAR ESSE CASTELO. SIGNIFICA UMA PEDAGOGIA PARA NOSSA SUPERAÇÃO."

Francis Henrik Aubert

15

Impelido por onze máximas que me ensinaram a levantar depois das quedas e a assumir e consertar meus erros, lá fui eu, com mais de 60 anos, fazer meu doutorado. Essas máximas foram construídas na minha infância e juventude e servem para explicar que nossas imperfeições podem ser aperfeiçoadas a partir das vozes das nossas lideranças interiores – aquelas pertencentes aos nossos mestres e mentores. Eis aqui as minhas onze máximas de vida:

1. O trabalho é digno, não importa qual seja, desde que seja honesto. Trabalhe sempre, e isso o protegerá.
2. Nunca peça dinheiro a ninguém. Pedir um prato de comida, um abrigo ou uma ajuda faz parte da digna justiça humana, mas nunca peça dinheiro. Ofereça um trabalho, não aprenda a pedir.
3. Jamais roube o que é do outro. Seja honesto.
4. Seja corajoso, não tenha medo do mundo e de ninguém, mas não seja metido a valente. Os valentes ficam arrogantes e sempre encontrarão alguém mais valente do que eles. Coragem sim, valentia não.
5. Estude, estude e estude. O conhecimento é a melhor coisa do mundo. E admire as melhores pessoas onde quer que você esteja.
6. A beleza de um homem será a grandeza de seu caráter. Não se preocupe com a queimadura do seu rosto, filho, e sim com seu caráter.
7. A sua palavra é o maior contrato do mundo. Palavra dada é palavra cumprida.
8. Trate todas as pessoas muito bem. Não exclua as pessoas que considera malvestidas, pobres ou humildes. Trate todos bem, nunca se assuste com aquilo que lhe parece diferente.

9. Seja educado. Não se esqueça de ceder seu lugar no ônibus aos mais velhos, respeitar seus professores, cumprimentar, agradecer e dizer as palavras que abrem todas as portas: por favor e obrigado.
10. Não deva nada a ninguém. Não faça dívidas que não possa honrar. Sua liberdade será sua independência financeira.
11. Sua mãe adotiva ama você imensamente, filho, jamais se esqueça disso e nunca a magoe.

Agradeço aos meus pais adotivos por esses ensinamentos.

• • •

Já havia feito um mestrado. Não precisava de um doutorado para minha carreira, já que as universidades aceitam o mestre *stricto sensu* como professor. Mas na minha cabeça estava presente o "clique" do incômodo: estude, estude e estude. Além disso, dona Rosa achava, até seu falecimento, que eu era um doutor, mas eu não era. O amigo Dr. Marcos Cobra, o maior autor de marketing do Brasil, colega da FGV, insistia que eu me diplomasse. Então lá fui. Mas que tema escolher na tese? Administração, marketing, liderança? Não duvide do seu destino, e é proibido ter medo.

Logo, outro anjo, na forma de minha orientadora, analisando minha obra pregressa e eu, me disse: "Tejon, escreva algo que ninguém escreveu e em que você tem autoridade – a Pedagogia da Superação". Significava descobrir o método de ensinar e de aprender a superar e a desenvolver resiliência a partir de legítimos e poderosos incômodos.[22]

Toda tese de doutorado tem uma série de pesquisas. E assim foi. Pesquisei personalidades famosas, como Pelé e João Carlos Martins. Estudei como empreendedores revolucionários superaram seus obstáculos, a exemplo de Shunji Nishimura (Jacto) e Alexandre Costa (Cacau Show).

---

[22] Minha tese está disponível em: http://www.perse.com.br/livro.aspx?filesFolder =N1579117149626. Acesso em: 16 jan. 2021.

Visitei situações muito difíceis e convivi com elas, como a dos parentes das vítimas da boate Kiss. Acompanhei vítimas do acidente radiológico de Goiânia. Estudei a dona Jô Clemente, fundadora da Apae São Paulo, e ainda incluí minha própria experiência como criança adotada e vítima de uma grave queimadura no rosto a partir dos 4 anos, submetendo essa experiência aos fundamentos de uma pesquisa e suas conclusões. Como sempre na vida, a lei do acaso, do imprevisível, está presente. Não fosse a orientadora, Dra. Marie Lissette Canavesi Rimbaud, e aspectos metodológicos de Ana Claudia Barreto, este conhecimento que apresentarei agora não teria existido.

1. O PRINCÍPIO DA SUPERAÇÃO

Toda superação se inicia com o "princípio da superação". Os incômodos estão presentes, porém, se a simples existência dos incômodos levasse os incomodados aos cliques certos, o mundo seria uma maravilha. Como um robô de inteligência artificial, a pessoa aprenderia com cada experiência, corrigindo as próximas. Mas aí está o nosso desafio humano: não bastam os incômodos, é preciso "clicar". Isso se fundamenta em um conjunto de valores de longo prazo.

Observei que os seres humanos que superam não são movidos apenas por resultados de curto prazo. Eles atuam com um encadeamento de valores que superam o tempo e não ficam distraídos pelas tentações mundanas superficiais. Autores como Edgar Morin entendem que o princípio da superação é um elemento, consciente ou não, que o ser humano possui e que pode permitir a mudança de um estado emocional negativo para um positivo. Significa, em momentos pós-traumáticos, a busca "do que sobrou de mim". Esse princípio de superação parte de uma força íntima do sujeito, mas que necessita da ajuda do outro.

Não existimos descolados do mundo. Existe "o outro" que nos desafia, que nos convida a existir. Há, no contato com o próximo, ensinamento e aprendizado. Assim, formamos e somos formados

> *O princípio da superação é um elemento, consciente ou não, que o ser humano possui e que pode permitir a mudança de um estado emocional negativo para um positivo.*

por fragmentos que encontramos nos outros e no mundo. E isso também passa por aquilo que permitimos ao outro conhecer em nós e vice-versa. O trabalho pedagógico da superação precisa partir do encontro da pessoa consigo mesma. Do encontro com sua possível razão para seguir buscando a felicidade. Assim sendo, o princípio da superação existe por sermos todos peças do universo que evolui. Eu existirei no contato com os outros. É possível superar conforme o ambiente e os mentores que nos rodeiam. Precisaremos, entretanto, de educação para esse processo.

Um exemplo no ambiente empresarial sobre preparação para crises, é o do banco estadunidense Morgan Stanley. Tratava-se de um dos maiores locatários do World Trade Center, em Nova York, e investia em segurança nos seus três escritórios, imaginando um dia algo acontecer nas torres gêmeas. Gastavam muito em exercícios e treinamentos preventivos de segurança. Muitos achavam aquilo um exagero e desperdício. Porém, no dia 11 de setembro de 2001, às 8h46, todos sabemos o que ocorreu: 2.700 funcionários do banco foram salvos e em poucas horas estavam operando nas instalações emergenciais.

O princípio da superação começa com a consciência inequívoca da sua ocorrência e necessidade. Mas não basta termos essa consciência. Precisaremos do que chamo de Plano de Superação, o passo seguinte. Em outras palavras, preparar-se, como fez o banco Morgan Stanley. Vale para organizações, para mim, para você e para nossos filhos.

2. PLANO DE SUPERAÇÃO

Após carregarmos dentro de nós a consciência do "eu posso", princípio essencial sem o qual não haverá a crença nos caminhos das possibilidades, podemos entrar em um estágio de "autoabandono". O plano exige ações motivadoras que impulsionarão a convivência equilibrada e relativamente feliz com a nova condição de vida. As novas circunstâncias, os fatos a serem superados, o que estamos todos vivendo hoje no planeta nos permitem olhar para isso, sentir e compreender.

Em 2020, por exemplo, na minha atividade de professor, com conferências e reuniões de conselhos, fui invadido por aplicativos como Zoom, Teams, Gotowebinar e uma enxurrada de ferramentas. Estou trabalhando como nunca, com uma agenda tomada, conhecendo muita gente que não conheceria antes. Enfim, aquilo de que não gostamos nem um pouco vai se transformando em um relativo "novo gostar". O plano da superação exige perguntas como estas: "Que fontes de satisfação e alegrias a vida ainda pode oferecer?", "Como posso acessar essas fontes?", "Que tempo será necessário para que eu me permita mergulhar nelas?".

Nesse sentido, o Plano de Superação está ligado às novas projeções que nos permitirão o sentimento de bem-estar. Mesmo que não consiga mudar muita coisa no nosso contexto, permite modificar nossas expectativas perante a nossa vida como um todo. Este Plano de Superação estará ainda mais ancorado se ocorrer dentro do nosso interior. O mundo lá fora não está resolvido, mas, dentro de nós, começamos a desenvolver o que começar a construir.

Há uma diferença sutil entre felicidade e bem-estar. No bem-estar, o prazer é momentâneo e está ligado a um acontecimento objetivo, como a sensação que se tem ao terminar uma obra ou quando se conquista uma meta almejada. Já felicidade é mais ampla e mais subjetiva; não depende necessariamente de acontecimentos externos. E a felicidade também não é ausência de sofrimentos. É possível não estar sofrendo e mesmo assim não ser feliz. A felicidade, psicologicamente, tem o significado que se atribui à própria vida. Para esta etapa, precisamos ser protagonistas. Deixar para trás qualquer sentimento de vitimização. É a índole humana de não se ajoelhar perante o lado das patas do cavalo selvagem chamado destino, pular para cima dele e cavalgar a vida com as rédeas nas mãos. E, se as rédeas se perderem, que façamos de suas crinas a condução do nosso protagonismo. O Plano de Superação é o elemento da luta.

Na leitura de *Pedagogia da esperança*, de Paulo Freire, concluí que é a imaginação o eixo do Plano de Superação. A criatividade significa o ponto mais forte deste passo da Pedagogia da Superação. É onde cabe perfeitamente o sonho. Não temos mais a vida como antes, o emprego como antes, o comportamento como antes, nem "a cara" como antes. No entanto, criamos agora um novo sentido, não do que perdemos, mas do que construiremos a partir das novas realidades. Seres humanos não só se adaptam. Adaptação é o primeiro e obrigatório movimento. Mas logo vem o segundo: o plano para alterar e mudar as realidades. Devemos ser protagonistas de nossas histórias. Precisamos fazer os nossos caminhos. Isso vai exigir que possamos nos expor e nos entregar a esse caminho e, ao realizar isso, nos refazer também.

O Plano de Superação é composto de conteúdos e estratégias, de procedimentos e atitudes que conferem êxito ao projeto de cada um. Observei esses aspectos em todos os casos dos estudos que realizei. O sucesso na superação foi sempre consequência de uma nova rota traçada, de um plano para se sentir melhor perante as dificuldades vividas. Todos os casos exitosos demonstraram conter um plano de felicidade que os conduziu ao sucesso da superação. Vamos ver então os conteúdos estratégicos da superação.

3. CONTEÚDOS ESTRATÉGICOS DA SUPERAÇÃO

Os dois fatores anteriores são os que representam o início do processo de mudança dos sentimentos desconfortáveis a partir do clique dos incômodos. Precisamos agora projetar um equilíbrio emocional perante essas situações traumáticas. Primeiro, um trabalho interior, uma análise da dor e da busca de valores, ou seja, os princípios da superação. Depois, um Plano de Superação fundamentado na felicidade. E, para que esse processo da felicidade siga ocorrendo, os conteúdos estratégicos da superação serão fundamentais.

Agora, entramos no "como". Porém, ressalto que, sem os passos anteriores, esse "como" pode parecer tão óbvio que não impactaria nossas decisões. Em todos os casos estudados, eles surgiram como os legítimos conteúdos que arrancaram aquelas pessoas da inércia de apenas saber que podiam fazer algo e os levaram a correrem atrás de um objetivo, um plano de ações. Novamente, temos **ALEE**.

Inconscientemente, quando amamos qualquer coisa, trabalhamos no seu aperfeiçoamento. Assim é na carreira. Em uma empresa que criamos. Na pesquisa do cientista. Na música do artista. Na capacitação da enfermeira, do contador. No livro do escritor, em que sempre buscamos nos superar a cada palavra, a cada folha, a cada livro.

Amor é superação do aperfeiçoamento. Quem ama supera, pois aperfeiçoa o objeto amado. Quando crianças, essa autoestima depende muito dos nossos mentores, dos tutores. Não é a autoestima de ser criado "mimado". Ao contrário, pois quem mima enfraquece a estima. Pais que amam os filhos os aperfeiçoam para a luta da vida e para que jamais se sintam como vítimas. Bem como para que todas as imperfeições que transporão ao viver não os abatam, que os incômodos poderosos sejam os melhores cliques das suas superações.

Para uma criança, isso quer dizer amar a bola que ganhou, e não a que perdeu. Aprender a amar o amor dos pais por ela e mesmo de uma professora mais severa. Passando a ver em tudo o potencial de aperfeiçoamento da vida, ela a construirá como uma designer do mundo e de si mesma, como uma verdadeira arquiteta da sua vida. O sentido máximo do amor é o que move os grandes superadores da história da humanidade. É o que fez João Carlos Martins, o maior intérprete de Bach do século XX, transformar-se no maestro eterno ao não poder mais continuar tocando. O amor à música venceu. Mas, eu diria, foi o amor por amar que o fez vencer.

Paulo Freire, sobre o amor, registrou: "[...] se não há um profundo amor ao mundo e aos homens, não é possível a pronúncia do mundo, que é um ato de criação e recriação, se não há amor que o funda. Sendo fundamento do diálogo, o amor é, também, diálogo".[23] E Edgar Morin acrescenta: "O verdadeiro amor alimenta uma dialógica sempre viva, em que sabedoria e loucura se entregeneram. Se meu amor é somente racional, já não é mais amor, e se está totalmente enlouquecido, se degrada em vício. Deve ser louco/sábio".[24]

Portanto, o amor como conteúdo estratégico da superação restaura o equilíbrio entre a vida racionalmente vivida e calculada e o sentimento desvairado de paixão e fascínio por algo ou alguém. O amor na proposta da superação deve ser um ingrediente que permita ao indivíduo engajar-se no projeto de contemplação e satisfação com a vida. Ainda que seja relativa essa satisfação, o amor deve ser o veículo de momentos instigantes e felizes.

Foram muitos os momentos em que pude sentir o amor mesmo nas horas mais difíceis das minhas dores com a queimadura e as cirurgias. Pude ficar feliz em uma sala de recuperação depois de dez horas de anestesia, com dores pós-operatórias de enxertos no rosto, com a aproximação de uma querida enfermeira que se achegava e deslizava a mão por cima das faixas que cobriam toda a minha cabeça. O amor é o poder de todos os poderes. E, nos casos estudados de quem superou, estava presente a força do amor como a energia que permitia movimentar os outros três conteúdos.

O segundo elemento é o labor, ou trabalho. E isso não significa apenas o trabalho como reprodução de algum objeto ou serviço. Aqui, falo do papel do labor como o sentido revelado de vida. O amigo maestro João Carlos Martins me disse: "No dia em que abandonei

---

[23] FREIRE, Paulo. **Pedagogia do oprimido**. Rio de Janeiro: Paz e Terra, 1987. p. 79-80.
[24] MORIN, Edgar. **Os saberes necessários à educação do futuro**. São Paulo: Editora Cortez, 2002.

o dom que Deus me deu, tudo deu errado". O dom, a benção maior na qual criamos e transformamos tudo na materialização viva do amor. No caso do maestro, a música.

O psiquiatra Viktor Frankl escreveu:

> Não existe nenhuma situação em que a vida deixe de nos oferecer uma possibilidade de sentido, e também não existe nenhuma pessoa para quem a vida não tenha disposto uma tarefa. A possibilidade de cumprir um sentido é única em cada caso e a personalidade que pode realizar é também, em cada caso, singular.[25]

É deslumbrante compreendermos essa verdade. Já trabalhei com milhares de pessoas. Dei aula para milhares de alunos. Liderei milhares de profissionais. Com todo o treinamento, com todas as métricas, com toda a gestão, nunca vi dois profissionais iguais, dois alunos iguais ou dois colegas de trabalho iguais. Aqueles que atuavam com a performance máxima de prazer e de satisfação, a vontade interior de fazer bem-feito, exatamente como Frankl registrou, demonstravam uma execução sempre singular. Segundo Frankl, o sentido que se atribui à realização de uma tarefa é particular, porque se relaciona com o que há de humano em nós, com a emoção e com os sentimentos empregados no cumprimento do que nos dedicamos a fazer.

> *Portanto, o amor como conteúdo estratégico da superação restaura o equilíbrio entre a vida racionalmente vivida e calculada e o sentimento desvairado de paixão e fascínio por algo ou alguém.*

---

[25] FRANKL, Viktor. **Psicoterapia e sentido da vida:** fundamentos da Logoterapia e análise existencial. São Paulo: Quadrante, 2003.

A partir desses sentimentos, chegamos então ao terceiro elemento, a ética. Deve-se tratar da ética e da moral, porque fala-se antes do sentido e da satisfação de produzir algo ou realizar alguma tarefa. Pois é possível que haja tanto sentido para um criminoso em sua tarefa de matar quanto para um médico sem fronteiras em sua tarefa de ajuda humanitária. Os êxitos na superação, aqueles que ultrapassam o tempo e duram, são trabalhados dentro da ética. Isso significa que, além dos próprios desejos, deve-se considerar os acordos socioculturais sobre o que é certo e errado, pois somos formados por uma tríade indivíduo-sociedade-espécie.

Dentro da proposta da superação, o interessante é aliar as tarefas que fazem sentido às ações éticas e morais, ou seja, agir sem acarretar prejuízos para si e para os outros. Para que isso ocorra, vamos pensar no que Morin escreveu: "O exercício permanente da auto-observação suscita uma nova consciência de si que nos permite descentrarmos em relação a nós mesmos, portanto reconhecer nosso egoísmo e tomar a medida das nossas carências, nossas lacunas, nossas debilidades".[26]

A partir dessa perspectiva, a busca de sentido nas coisas que nos encarregamos de realizar deve estar alicerçada no agir ético, na autocrítica, como uma espécie de higiene existencial que mantém a consciência em vigilância permanente. No meu trabalho de doutorado, por exemplo, um dos marcos teóricos foi o filósofo Edgar Morin, e desejo aqui passar para você o que considero uma pérola do pensamento sobre o poder da ética na nossa superação. Algumas virtudes são essenciais para mim – e para todos neste mundo que tornou-se complexo. Podemos ser chamados de "seres complexos".

Precisamos, então, reunir virtudes de diferentes idades, como a curiosidade e as interrogações infantis, as aspirações juvenis da fraternidade e autorrealização, a carga de responsabilidade e madureza do adulto e a experiência da velhice. Por certo, cultivar tais virtudes pode ser mais fácil para os que estão em idade adulta, pois resgatar qualidades que outrora

---

[26] MORIN, Edgar. **O Método 6**: Ética. 3 ed. Porto Alegre: Sulina, 2007. p. 94.

CAPÍTULO 15 A PEDAGOGIA DA SUPERAÇÃO

se possuía demanda reviver atitudes experimentadas no passado, que já se conhece, enquanto a criança e o jovem, de posse das virtudes próprias da sua idade, para alcançar todas as outras características virtuosas do ser complexo, teriam que se converter em "precoce".

Todavia, a responsabilidade e a aprendizagem a partir das experiências são virtudes que crianças e jovens devem desenvolver por meio da educação escolar e familiar. Jamais podemos diminuir a importância da sua comunidade. Dessa forma, o conteúdo da superação configura o amor, como a vontade onívora de aperfeiçoar imperfeições, coisa que é acionada pelos poderes do incômodo. Dessa força do amor, resulta o labor, o que vamos fazer de concreto a partir de nós mesmos. Por sua vez, o sucesso da superação exige colocar um rumo ascensional nesse trabalho. Como vimos, a motivação e o sentido de vida tanto podem servir ao crime e ao servo da raiva quanto ao guerreiro das forças benévolas. Disso, surge a ética.

Entretanto, pude observar mais um conteúdo da superação nos meus estudos. Amor, sim, labor intenso, sim, com ética, claro, caso contrário não se supera o tempo. Mas tudo isso precisa atrair, encantar, seduzir e comover. Exige o belo, a estética. Um sentimento de beleza, de admiração e de contemplação. Não posso deixar de mencionar a experiência que vivi com minha mãe adotiva, sendo eu o objeto do "experimento". O amor dela por mim era absoluto, e ela sabia que precisaria me aperfeiçoar. Lá estava eu, um menino com o rosto deformado. Esse aperfeiçoamento exigiria, inclusive, lentes diferentes dos meus próprios olhos a meu respeito. E assim ela agia comigo.

Caprichava no aperfeiçoamento invisível de um rosto imperfeito. O labor estava presente. Ela me ensinava a fazer trabalhos todos os dias e falava da dignidade deles. Um belo exemplo foi ajudar a "forrar botões" na lojinha dos meus pais, coisa que não deve nem existir mais hoje. Eram botões que se cobriam com o mesmo tecido da roupa solicitada. Cada detalhe daquela maquininha, o tamanho exato do pano, a pressão na manivela, o aparar as pontas para que ficassem de fora, tudo precisava ser muito bem-feito.

O conteúdo da superação configura o amor, como a vontade onívora de aperfeiçoar imperfeições, coisa que é acionada pelos poderes do incômodo.

Havia uma honra naquele serviço. Uma ética. Não podia ser feito "mais ou menos". E além de tudo precisava ficar bonito. Quando a freguesa os recebesse, devia olhar e sorrir. Além disso, era para que eu mesmo fosse até a casa da freguesa e levasse aqueles botões forrados e não só virasse as costas e fosse embora. Era para perguntar: "Ficaram bonitos. A senhora gostou?". Esse conjunto de conteúdos da superação era a pedagogia intuitiva dos meus mentores, e eu mesmo sou testemunha viva da eficácia do método.

A estética como conteúdo da superação subtrai o estado prosaico, racional e utilitário. No caso acima, não eram apenas botões para o fim de fecharem a roupa e pronto. Havia ali um sentido invisível que ampliava a satisfação e o prazer. Nas escolas modernas, estudamos design, a força gigantesca e comovente da beleza. Ao ver uma obra de Da Vinci, somos transportados a um estado de graça em que nosso ser e o mundo se transfiguram mutuamente e que se pode chamar, como faz Morin, de estado poético.

Senti essa comoção estética ao ouvir pela primeira vez a versão do cantor britânico Joe Cocker, gravada em Woodstock, de uma música conhecida dos Beatles, "With a Little Help from My Friends". Era a mesma música que eu já conhecia, porém com um enlevo estético simplesmente arrebatador. Significava o mesmo amor, o mesmo labor, a mesma ética, porém com a estética elevada à enésima potência. A insuperável superação. Ou seja, existem coisas que são insuperáveis mesmo.

A estética nos remete muito ao primeiro conteúdo, o amor. Não vivemos apenas de pão, mito e razão. Não vivemos só do labor e, da mesma forma, seria insuportável apenas a responsabilidade da ética.

A estética significa nossos voos para o livre libertar. Significaria a superação da alma. Transcendemos e fazemos do belo, da arte, o principal exercício do que poderia se aproximar da "perfeição".

Outro exemplo de estética seria a do Hospital do Câncer. E você poderia perguntar: mas afinal qual é a estética dele? Pois temos aí outra obra maravilhosa de superação, do Dr. Antonio Prudente e da jornalista Carmen Prudente, esposa do Dr. Antonio. Toda a estética do Hospital do Câncer podemos auscultar e sentir no design de sua ciência, na estrutura de sua gestão e no amor esculpido no rosto dos seres humanos que ali atuam. Há um capital afetivo que transborda. Uma vibração dos voluntários e o belo da arte médica, como testemunho no Dr. João Duprat e na Dra. Sandra Serrano, especialista nas dores e nos tratamentos paliativos. Mutar dor em amor talvez seja a obra de arte mais bela e divina da humanidade.

Quero exemplificar os três fatores da Pedagogia da Superação que vimos até aqui – o princípio, o plano e conteúdos estratégicos da superação – com três dos meus estudos práticos. Um é Shunji Nishimura, o fundador da Jacto, localizada em Pompeia, e responsável por um legado excepcional. Não só na forma exemplar daquela empresa como em todos os fundamentos, do amor ao aperfeiçoamento, ao labor intenso, à sua ética e à compreensão clara da estética da engenharia presente no compromisso com os resultados.

Nishimura, a partir do princípio da superação, fez da sua mudança do Japão para o Brasil a construção de uma nova geografia humana. Construiu e criou essa geografia exatamente na última parada do trem que saía de São Paulo e finalizava em Pompeia. Com base no plano de superação – encontrar na atividade laboral o sustento e o sentido da vida –, abriu uma pequena oficina com uma tabuleta escrito "Conserta-se tudo". Será que Nishimura sabia mesmo consertar tudo? Claro que não. Mas o plano era: o que não sei aprendo. E foi nessa garagem que nasceu a grande Jacto.

Quanto ao conteúdo estratégico de superação, vamos ver em Nishimura o exemplo vivo do ALEE. Convivi com esse gênio ao longo de seis anos da minha vida. Era um aperfeiçoador de tudo. Minha área de trabalho era a propaganda. Nishimura não era fotógrafo, mas sempre estava lá com uma lupa, descobrindo como aperfeiçoar as fotos das máquinas. A música de Nishimura era o labor. A ética irrepreensível. Palavra. Honestidade. Segurança contra riscos consigo mesmo, com a empresa e com todos. E a estética. A inovação. O "belo empresarial".

Outro exemplo é a trajetória de Alexandre Costa, criador da Cacau Show, hoje a maior franquia de chocolates do mundo. Alexandre foi meu aluno em um curso especial do Sebrae, em parceria com a ESPM, nos anos 1990. O princípio da superação para ele foi seguir os ensinamentos dos pais, construindo valores para o trabalho e a vida. Ainda menino, acompanhava dona Wilma, sua mãe, fazendo as demonstrações nas vendas de *tupperwares*.

O Plano de Superação do Alê foi aproveitar a experiência e o conhecimento da realidade local para o desenvolvimento do seu trabalho. Honrou a própria geografia. Aprendeu dentro dela. E os conteúdos estratégicos foram o amor, com foco absoluto no aperfeiçoamento de suas trufas, com as quais tudo começou; e estudar com os melhores exemplos. Aperfeiçoar tudo é a máxima dele, e quem quiser constatar só precisa fazer uma visita na fábrica de chocolates na rodovia Castelo Branco e na loja temática ao lado.

Levo meus alunos internacionais, quando vêm ao Brasil, para conhecer a Cacau Show. Todos saem loucos com a ideia de fazer uma igual nos seus países. Alê atua com o labor intensivo. Trabalha diuturnamente, feriados e fins de semana. E para ele é diversão, pois ama esse labor. Quanto à ética, ele jamais se esquece dos degraus pelos quais subiu. É correto e íntegro nas relações e deu origem a milhares de franqueados empreendedores no país. E há ainda a elevação da comoção a partir da grande consciência da estética. Tudo é belo em volta da obra Cacau Show.

E, claro, não poderia deixar de fora meu amigo Pelé, Edson Arantes do Nascimento. Minha história com Pelé começa quando ele nem se lembra de mim. Mas eu e toda molecada, ao contrário, jamais o esquecemos. Eu morava perto do campo do Santos, e o Pelé mandava lavar seu carro (na época, um Alfa Romeo) no posto de gasolina do nosso bairro. Ia pessoalmente levar e buscar o veículo (que diferença dos *pop stars* do futebol de antes para os de hoje), e nós corríamos para abraçá-lo. Ele sempre era extremamente atencioso com a meninada. Passados anos, eu assumi a direção de marketing da empresa Agroceres e contratei o Pelé para uma campanha de comunicação genial, que fez um sucesso inesquecível: "Com a bola no pé, eu sou Pelé, com Agroceres na plantação, você é o campeão". Viajamos juntos, conversamos muito. E mais tarde repetimos a dose em uma campanha no grupo do jornal O *Estado de S. Paulo*, outro sucesso.

Posso dizer que seu princípio de superação foi não permitir que sua negritude fosse um obstáculo para jogar futebol, por qualquer sentimento de autopreconceito. O Plano de Superação foi compartilhar o sonho do pai, Dondinho, de se tornar jogador de futebol. E, quando o Brasil perdeu a Copa de 1950, no Maracanã, Pelé viu seu pai chorar e prometeu: "Eu vou ganhar uma Copa, pai". E lá estava ele, em 1958, com o caneco na mão. Os conteúdos estratégicos da superação de Pelé confirmam da mesma forma o **ALEE**. Amor – foco gigantesco no aperfeiçoamento da arte do futebol. Imaginava jogadas com seu pensamento para realizá-las no campo. Labor – era o primeiro a treinar, o último a sair do treino. Ética – sempre lembrava que o time não era só formado por ele, mas também pelos companheiros e com eles compartilhava as vitórias, mesmo sendo o Rei do Futebol. E estética – basta recorrer aos vídeos de suas jogadas para ver a beleza de seus dribles, que são como peças de arte.

4. OS PROCEDIMENTOS DE SUPERAÇÃO

Em resumo, são as ações que se efetivam na prática no Plano de Superação. Começamos com o princípio norteador da experiência da superação, o enfrentamento do incômodo presente, que não é necessariamente só o incômodo desagradável, para transformá-lo. O que Pelé mais amava era jogar bola em qualquer canto da rua, com qualquer tipo de bola. O que o incomodava e do que não gostava? Incrivelmente, do apelido Pelé. Depois desse princípio norteador, planejamos a forma de atuar, com os **ALEE**; após tomar consciência desses conteúdos, precisamos saber como os acessar. Observei nos meus estudos que muitos chegam até o **ALEE**, mas não vão para a frente, exatamente por não atuarem com procedimentos corretos.

A origem da palavra "procedimento" vem do latim *procedere* – avançar, mover adiante, à frente. Um processo implica um conjunto coordenado de passos no tempo para se chegar a um objetivo. Dessa maneira, tomo aqui o sentido etimológico da palavra "procedimento", pois a intenção é exatamente apresentar os passos que fazem seguir em frente, mesmo que em algum momento seja necessário voltar atrás.

O primeiro procedimento superante consiste no aprender. O aprendizado gera sabedoria, e a maior sabedoria de todas as sabedorias é nunca perder a capacidade de aprender. Sugiro um exercício: a partir do incômodo entrópico da covid-19, faça um relato de quantas coisas aprendeu a fazer que não fazia antes. No meu caso, ficar em casa sem sair e mesmo assim ser feliz. Que aprendizado difícil! Esse procedimento que podemos ver agora de forma exacerbada na passagem do novo coronavírus é outra constante nas empresas e nas pessoas que superam. Estão sempre aprendendo a aprender. Aprender será sempre um salto para o novo e o desconhecido.

Nos procedimentos, após aprender, vem o acreditar. Por tratar-se de um verbo transitivo, imediatamente se pergunta: em que ou em quem? Como é de esperar, em relação à proposta, a resposta é acreditar que se pode ser feliz mesmo diante de problemas e situações difíceis que a vida nos coloca. Acreditar que somos capazes de superar e que os obstáculos significam oportunidades de saltos impensáveis.

Entretanto, não se deve acreditar de maneira ingênua, fazendo parte de um "exército de Brancaleone",[27] pois precisamos da crença

---

[27] O termo vem de um filme italiano de Mario Monicelli, *O incrível exército de Brancaleone*, que retrata um "exército" despreparado e covarde.

> *O aprendizado gera sabedoria, e a maior sabedoria de todas as sabedorias é nunca perder a capacidade de aprender.*

fundamentada. Ou, como descobrimos nas áreas de vendas das empresas, existem dois tipos de grandes vendedores, os de fé cega e os de fé pensada. Os primeiros não terão futuro. Os segundos viram os grandes gestores. Paulo Freire registrou: "A esperança crítica é necessária, mas ainda assim insuficiente. A esperança pensada, só, não ganha a luta, mas sem ela a luta fraqueja e titubeia. Precisamos dessa esperança crítica como o peixe necessita da água despoluída".[28]

Apenas acreditar que podemos superar é ótimo como princípio, mas não é suficiente. Por isso, esses passos todos foram identificados nos meus estudos. O que mais arrasa uma pessoa é quando prometemos a ela, ou ela promete a si mesma, que estará vivendo uma nova realidade dentro de determinado tempo e isso não ocorre. A frustração pode conduzir esse ser humano para o vale dos "mornos". E ali, amornado e acomodado, ficará dizendo: "Nada vale a pena mesmo, não adianta, não há nada a fazer, só me resta esperar e rezar…".

E, como já vimos ao longo deste livro, só frios e quentes se movimentam, os incômodos são seus motivadores. Difícil mesmo será incomodar quem consigo mesmo não se incomoda e vive esperando por um milagre retumbante, com trombetas anunciando a convocação para que se mexam. O acreditar como ingrediente do procedimento superante está ancorado em um horizonte de esperança, que, uma vez alcançado, permite vislumbrar novos horizontes. É ler o mundo e acreditar que se pode reconstruí-lo à sua maneira. O novo real. Portanto, depois do aprender, do acreditar com as forças da fé cega conduzida

---

[28] FREIRE, Paulo. *op. cit.* p. 5.

pela fé pensada, precisamos criar. O ato de criar é importantíssimo procedimento de superação, uma vez que, de maneira construtora, o acreditar move para a reconstrução de novas realidades.

Seres humanos que superam não apenas se adaptam com velocidade às mudanças, mas paralelamente iniciam a criação das novas realidades, que levarão para outras mudanças num ciclo interminável e infinito. Seria bom que ninguém mais duvidasse disso. Para enfrentar as forças destruidoras e entrópicas, a criação representa um fortíssimo elemento de luta. Ao saber e tomar consciência da força criadora, ocorre uma transposição do foco. O indivíduo deixa de atuar sobre o objeto da dor, da frustração, da perda, e essa energia segue canalizada para o criar. Encontramos a mutação virtuosa quando dor vira amor.

Segundo Viktor Frankl, podemos descobrir esse sentido de vida de três formas diferentes:

A. Praticando um ato ou um trabalho.
B. Experimentando algo ou encontrando alguém.
C. Pela atitude que tomamos em relação ao sofrimento inevitável.

Essas três formas apontadas por Frankl estão diretamente ligadas ao ato de criar. E esse criar, enquanto procedimento superante, deve operar dentro do sujeito, a partir de suas percepções sobre o meio em que vive. Estamos falando de criação de valores, de elaboração de modos de viver, da construção de filosofias.

Como último procedimento superante, temos o inspirar/admirar. Para que se proceda de maneira inspiradora e admirável, é extremamente necessário que o sujeito admire e se inspire no outro. É preciso, pois, sensibilidade e humildade para reconhecer no outro aquilo que pareça admirável. É preciso buscar inspiração nos feitos alheios primeiro (aprender) para que o sujeito possa criar formas de superação admiráveis e inspiradoras. Com a maturação desse processo, poderemos passar de admiradores para admirados e também para alvo de inspiração para muitos.

CAPÍTULO 15 A PEDAGOGIA DA SUPERAÇÃO

É muito importante perguntar e ouvir a história das pessoas. Tsunessaburo Makiguti (1871–1944), pedagogo japonês, registra na obra A *pedagogia da felicidade*:

> A sabedoria não reside no afastamento físico e mental da vida, mas na sua proximidade, no local onde se nasce e vive com pessoas reais, com defeitos e virtudes que ocupam o mesmo lugar no mundo. Essa contingência do ser conduz a considerar uma ontologia realista ao inserir o homem no mundo, ao fazê-lo emergir de sua materialidade.[29]

Por isso, destruindo o que não lhe parece ser igual, você não destrói o próximo, destrói partes do aprendizado de si mesmo e do que pode vir a ser. Destrói a evolução de sua alma. Que desperdício!

Mas não vamos nos esquecer dos "mornos", dos que pensam que nada os incomoda, pois precisamos trazer a turma da zona de conforto para o jogo da vida antes que o jogo termine.

Após a busca pelos princípios de superação, o plano, os conteúdos estratégicos da superação e os procedimentos, já temos um repertório considerável de ações autônomas de superação elaboradas por você mesmo. Com seu novo posicionamento perante a vida, vamos para o quinto tópico.

5. ATITUDES DE SUPERAÇÃO

"As profecias desaparecerão. As línguas desaparecerão. A inteligência tem limites, as profecias têm limites. Tudo o que tem limites desaparecerá quando chegar o perfeito."[30] Enquanto o perfeito não chega, o poder do incômodo nos serve para uma grande motivação, como temos enfatizado e entusiasticamente reverberado neste livro: amor é aperfeiçoamento das imperfeições. A passagem que abre este tópico, escrita pelo apóstolo Paulo ao tratar do Agapê, iniciava assim:

---
[29] ROSS, Rita Ribeiro. *opt. cit.*
[30] CARRÈRE, Emmanuel. *O reino.* Rio de Janeiro: Alfaguara, 2016. p. 19.

> Ainda que eu fale as línguas dos homens e a dos anjos, se não tiver amor, serei como o sino que ressoa ou o prato que retine. Ainda que eu tenha o dom de profecia e saiba todos os mistérios e todo o conhecimento, e tenha uma fé capaz de mover montanhas, se não tiver amor, nada serei. [...] Assim, permanecem estes três: a fé, a esperança e o amor. O maior deles, porém, é o amor. (Coríntios 13)

Antes de recorrer a autores e saberes externos a nós mesmos, a mim e a você, leitora e leitor, peço agora um mergulho para dentro das nossas histórias de vida. Se você é jovem e está lendo isto, já tem experiências. Já observou muita coisa do mundo. Se você é adulto, já pode repensar a infância, olhar o lado maduro da experiência e imaginar à frente. E, se é já como eu, na casa dos 70 ou mais, está em um excelente momento para reflexão. Pode refletir sobre este início do quinto passo da Pedagogia da Superação, as atitudes de superação e os nossos momentos de sucesso e felicidade vinculados à energia viva do amor, como na visão do ágape, o amor de todos os amores.

E aqui vão algumas experiências minhas, para mexer com as suas, liderando equipes nas empresas onde exerci o comando como gestor, diretor e presidente. Quando aprendi a desenvolver um legítimo gostar, curtir ou amar as pessoas que trabalhavam comigo, tudo melhorou. Performance. Criatividade. Engajamento. Atração de melhores pessoas para trabalhar conosco. E os problemas, condutas erradas, fofocas, brigas, invejas? Diminuíram.

As questões que afloravam eram muito mais facilmente tratadas e resolvidas. E observei também por que o desempenho melhorava: ficava estabelecido um clima de cooperação, de confiança, no qual a ajuda mútua crescia de forma espontânea. As metas eram discutidas com todos, e a própria equipe criava objetivos muito mais ousados e admiráveis. Mas claro, para chegar a essa conclusão positiva sobre a energia legítima do amor, logicamente precisei saber o que era o oposto disso.

E a vivência empresarial me permitiu experimentar fases em que, ao contrário, reinavam o desamor, a busca por culpados, o julgamento por preconceitos contra este ou aquele, a vitimização permanente e um modelo de raiva e ódio com punições frequentes para servir de "exemplo". A curto prazo, havia uma sensação de que esse "rigor e disciplina" era necessário. Durava pouco. A médio e longo prazo, ocorria uma "mediocrização" (a mediocridade negativa imperava).

Ao contrário do que poderíamos levianamente imaginar, o olhar de amor verdadeiro sobre uma equipe, sobre as pessoas e sobre os alunos jamais significaria abandonar o rigor de fazer o que tem que ser feito com extrema ênfase. Porém, aprendi que faz, sim, toda a diferença. E hoje eu o uso em qualquer lugar: nas minhas andanças pelo país e por outros países, com alunos de todas as partes do mundo, nas minhas aulas na França. O princípio do amor ágape é a atmosfera que permite todo o ambiente para o desenrolar do sucesso. E, como digo, ninguém será feliz sem sucesso.

Agora, pense você, leitor, em momentos da vida quando atuou com essa verdade íntima. Pense naquilo que não conseguimos levar adiante, exatamente por não mergulharmos profundamente nesse desafio do amor. E você poderia perguntar: é possível ter todo esse sentimento e não dar certo? Como admitimos neste livro, não existe o perfeito na Terra (ainda), o bom viver é o prazer de aperfeiçoar o imperfeito; portanto, sim.

Existirão limites para essa batalha pessoal, dadas as circunstâncias, que podem ser extraordinariamente perversas e adversas. Mas, mesmo na impossibilidade do sucesso, na circunstância vivida, o aprendizado será muito mais rico. E outra sabedoria maravilhosa na vida é também saber sair. Adoramos começar coisas, porém muitos de nós não sabem sair delas.

Assim, para chegar às atitudes de superação, iniciamos no princípio da superação, fundamento da existência da vida. Compreendemos os enfrentamentos inexoráveis da vida na Terra. A partir da consciência do viver, estabelecemos os planos que vou fazer, qual o meu dom, que sentido vou dar ao que preciso fazer.

> *O princípio do amor ágape é a atmosfera que permite todo o ambiente para o desenrolar do sucesso.*

Em seguida, surgem os conteúdos estratégicos da superação, encontrados nos meus estudos em quatro fundamentos constantes e presentes em todos os casos estudados: Amor, Labor, Ética, Estética.

As atitudes de superação são resultado de todo o processo de aprendizagem e adaptação às novas demandas da vida. Paulo Freire afirma: "Os homens e as mulheres têm várias atitudes diante dessas 'situações-limites': ou as percebem como obstáculo, ou como algo que não querem transpor, ou ainda como algo que sabem que existe e que precisa ser rompido e então se empenham na sua superação".[31] Vendo por esse prisma, não somos apenas seres que se adaptam às mudanças em velocidade, mas também protagonistas na alteração dessas realidades novas. E mais: podemos ser administradores que atuam conscientemente contra a formação de realidades catastróficas, entrópicas, apocalípticas, como a mudança climática ou, em níveis mais cotidianos, acidentes, educação financeira, estudos, foco nas virtudes, criação de cooperativismo etc.

Makiguti trata do protagonismo como o poder de escolher em certos momentos privilegiados e a liberdade de construir ao compreendermos alguma coisa. O momento em que somos ativos, quando temos a experiência de sermos sujeito daquilo que somos e daquilo que fazemos. As atitudes definem nossas vidas. O protagonismo está presente nos "quentes e nos frios", nas forças criadoras e nas forças destruidoras. Os mornos ocupam as faixas da acomodação, com vitimização perpétua. Portanto, o protagonismo de uma Pedagogia da Superação significará uma atitude que considere os ensinamentos

---
[31] FREIRE, Paulo. opt. cit. p. 205.

CAPÍTULO 15 **A PEDAGOGIA DA SUPERAÇÃO**

de Makiguti: "Agir avaliando em sua experiência o que é bom ou não para a vida individual e para o bem coletivo, seja ele material, estético ou espiritual".[32]

Como salientamos neste livro, não conseguimos superar sozinhos. Somos impactados pelo entorno, pelos seres humanos das nossas vidas. Dessa forma, precisamos de "educadores da superação", e esse é o meu sentido de vida pelo tempo que ainda tiver. Quero levar a Pedagogia da Superação às escolas, desde o ensino fundamental. Ao ensino médio, a instituições como a Fundação Casa, ao ensino superior, às empresas, às ONGs, às áreas da filantropia e ao cooperativismo. Considero esse o mais perfeito sistema de negócios para o século XXI, sob o ponto de vista de oferecer para muitos a chance do sucesso empreendedor.

Vimos os exemplos de Pelé, Nishimura e Alexandre Costa pensados a partir do princípio da superação, do Plano de Superação e dos conteúdos estratégicos de superação. Mas eles também apresentaram procedimentos e atitudes de superação, como aprender, acreditar, criar, inspirar e a curiosidade infantil com protagonismo.

Pelé foi outro exemplo de procedimentos de superação, compreendendo o aprender, o acreditar, o criar e o inspirar. Foi aprender artes marciais para se livrar das entradas violentas dos adversários. Acreditava ser possível fazer jogadas consideradas "impossíveis". Criava e, por isso, desestruturava o jogo adversário e inspirava, chegando até a parar guerras na África. Entre as suas atitudes de superação, estavam a curiosidade infantil e o protagonismo.

Para Alexandre Costa, fundador da Cacau Show, os procedimentos de superação também são bastante claros – mais uma vez, aprender, acreditar, criar e inspirar. Além de empresário, se transformou em um influenciador dos prazeres do chocolate, em um estimulador de empreendedorismo de seus franqueados e em um ídolo para as novas gerações. As atitudes de superação de Alê Costa guardam sem

---
[32] ROSS, Rita Ribeiro. opt. cit.

dúvida a curiosidade infantil. Um tour pela fábrica de chocolate da Cacau Show é uma viagem a um conto de fadas. Protagonismo? Da mesma forma, intenso e estimulador de toda a sua equipe.

Agora é com você. Repasse sua história de vida sobre esses cinco fundamentos – se permanecemos juntos até aqui, com certeza faremos muitas coisas boas daqui para a frente.

CAPÍTULO 16

A vitória das realizações

"SOBRE O FUTURO,
PARA UM HOMEM
COM A MINHA IDADE,
106 ANOS, É VIVER
INTENSAMENTE
O HOJE."

Dr. Fernando Penteado Cardoso,
fundador da Manah e da Fundação Agrisus

16

O contraponto para o poder do incômodo está exatamente na vitória da superação de todos os incômodos. Eles não são maus nem bons, simplesmente nos sinalizam o tempo todo que estamos vivos e nos empurram para a luta pela vida. E nada melhor do que a definição de Makiguti para a superação: "Criar valor a partir da própria vida, em qualquer circunstância, e valor é o belo, o bem e o útil".[33]

Ao caminhar para o fim deste livro que me "incomoda" há muitos anos (e espero que possamos ter explodido mitos que nos impediam de viver ao olharmos os incômodos como barreiras intransponíveis), recebi a informação de que um agrônomo sábio que havia fundado uma organização inesquecível no agronegócio, a famosa "com Manah, adubando, dá", acabava de completar, em setembro de 2020, 106 anos. Não resisti e telefonei para o professor Antonio Roque Dechen, atual presidente da Fundação Agrisus e, com ele, revivi alguns feitos extraordinários do Dr. Fernando Penteado Cardoso, a quem tomo a liberdade de tratar como Fernando neste texto. Ele com certeza nos inspirará.

O exemplo vivo desse ser humano é enriquecedor para todos nós. Ao conversar com Fernando algumas vezes, gerando conteúdos para repassar aos jovens, ele me deixou dois conselhos fundamentais para os novos: "Não tenham medo do mercado, se tiverem medo do mercado, ficarão acovardados. Não farão as inovações. Não terão a coragem para realizar com a força que as realizações exigem".

Da mesma forma, ele dizia a um empreendedor: "Jamais se afaste da ciência, do conhecimento. Acompanhe o estado da arte da ciência como ela se apresenta, caso contrário, você não conseguirá progredir". E sobre o tempo, perguntei a ele quais eram seus planos

---

[33] *Ibidem.*

para o futuro, e ele me respondeu: "Hoje, com a minha idade, o meu futuro é viver intensamente o momento presente".

A história viva desse homem nos oferece exemplos de como os incômodos o transformaram em um grande caráter. Ele me disse que, na escola, não era bom nos jogos, não era o mais bonito, então precisava ser o melhor aluno. E sempre foi o melhor da classe. A Manah surgiu do incômodo de as terras brasileiras serem fracas e de baixa fertilidade. Na guerra, o Brasil não recebia insumos para os fertilizantes. Assim, criar com o que havia nas mãos era a solução.

O professor Dechen me explicou que as cinzas são ricas em potássio. Dessa forma, o Fernando comprava cinzas das ferrovias, restos que seriam inúteis depois de terem movimentado as locomotivas da época. Adicionava outros ingredientes orgânicos, como mamona, sementes e pronto, lá estava o adubo. Poderosos incômodos gerando superações vitoriosas.

Ainda jovem, ele contraiu uma doença contagiosa em um período escolar e foi proibido de frequentar a universidade. Estudou sozinho em casa, solicitou que fosse submetido a provas escritas e orais. O comitê acadêmico aceitou, e lá foi o Fernando – passou como o melhor aluno da turma. E a frase "com Manah, adubando, dá", de onde surgiu? Fernando viajava de trem e, lendo Monteiro Lobato, viu a frase: "Em se plantando, tudo dá". Logo pensou: mas também precisa de adubo... e reescreveu a frase.

Procure os exemplos de superações vitoriosas ao seu redor. Busque em sua família. Olhe nos vizinhos, na sua cidade, no seu país. Precisamos iluminar os exemplos vivos de quem, a partir de legítimos incômodos, encontrou sensacionais exemplos da vitória humana, das forças criadoras sobre o caos destruidor. Naquela conversa de início de noite com o admirável professor Dechen, não pudemos deixar de inscrever mais dois significativos exemplos, sendo que um deles hoje responde pela resistência da economia brasileira diante da pandemia. A soja se transformou no maior item do agro brasileiro e no maior ativo das nossas exportações. Somos o maior do mundo nessa cultura, que ainda impacta decisivamente múltiplas outras atividades agroindustriais. Mas como isso começou? Novamente, de um poderoso incômodo.

O Japão precisava ampliar e assegurar suas fontes de originação da soja. E um brasileiro, Shiro Miyasaka, foi estudar a cultura e a introduziu no Brasil – numa época em que soja era conhecida como alimento de hippies! Mas o mais fascinante desta história é que ela nos leva ainda mais atrás. Como esse Shiro pôde estudar e se formar numa das melhores escolas do mundo em Ciências Agrárias, a Esalq? De novo, os exemplos vivos daqueles que criam a vitória acima das entropias humanas. Outro homem, um ruralista chamado Alexander Von Pritzelwitz, decidiu dar 10% de tudo o que sua fazenda gerava para manter estudantes sem renda – caso de Shiro.

Da mesma forma, deixou em seu testamento a Fazenda Figueira para a Fealq – a Fundação de Estudos Agrários Luiz de Queiroz, localizada em Londrina, com 3,7 mil hectares. Mas a grande moral dessa história que poderia parecer uma fábula (e, talvez, algumas vezes, a vida imite as fábulas ou as fábulas sejam imitação da vida) é que a pessoa que trouxe uma das maiores riquezas do país só se tornou "viável" porque outro se transformou num legítimo distribuidor das forças criadoras do bem, destinando parte dos seus ganhos a permitir que outros seres humanos estudassem. Muito obrigado, Alexander, Shiro, Fernando e, como esses, milhões de anônimos que precisamos revelar para as novas gerações.

A vitória da superação não pode ser mais um aspecto da vida humana deixada ao acaso. Há milênios, muitos falam no fim do mundo, mas ele sempre é postergado. No Apocalipse, descrito por João nas últimas páginas da Bíblia, revela-se: "Eu sou o alfa e o ômega, o princípio e o fim, o primeiro e o último" (Apocalipse 22:13). E também está em João: "Filhinhos, guardai-vos dos ídolos" (1 João 5:21).

E que poderoso incômodo nos revela Ernest Renan, um escritor odiado à sua época pelos católicos mais fervorosos, com uma obra de seis volumes sobre a história das origens do cristianismo, respondendo aos críticos mais raivosos desta forma: "Quanto às pessoas

> *A vitória da superação não pode ser mais um aspecto da vida humana deixada ao acaso. Há milênios, muitos falam no fim do mundo, mas ele sempre é postergado.*

que no interesse de sua crença necessitam que eu seja um ignorante, um espírito falso ou um homem de má-fé, não tenho a pretensão de modificar a sua opinião; se ela é necessária a seu repouso, eu me odiaria caso os desiludisse".[34]

Esse grandioso e poderoso incômodo me intriga e, assim, repito as palavras de Emmanuel Carrère em *O reino*:

> [...] como uma pequena seita judaica, fundada por pescadores analfabetos, unida por uma crença extravagante na qual nenhuma pessoa racional teria apostado um sestércio, em menos de três séculos devorou intestinamente o império romano e, desafiando toda verossimilhança, perdurou até nossos dias.[35]

Há muitas coisas, de fato, que não compreendemos. Já temos, por exemplo, tecnologias, saberes e realidades sendo alterados por fatores ambientais. No Brasil mesmo, a gestão da sustentabilidade com modelos de integração de agropecuária com florestas revela a possibilidade de produção com carbono neutro. E, em uma visita à Embrapa de Sinop, em Mato Grosso, podemos ver as experiências de regeneração das matas nativas, cujo saber será de extraordinária valia para o mundo inteiro, e não apenas para o Brasil. Dessa forma, já sabemos, o princípio da superação existe, o plano já está escrito. Vivemos, com relação à natureza e à prática de novos modelos que evitem as realidades indesejáveis

---

[34] CARRÈRE, Emmanuel. *O reino*. Rio de Janeiro: Alfaguara, 2016.
[35] *Ibidem*.

CAPÍTULO 16 **A VITÓRIA DAS REALIZAÇÕES**

da poluição, o momento da ação de conteúdos estratégicos superantes. Ou seja, hora de partir para o **ALEE**.

A covid-19, por exemplo, com certeza nos inspirará a uma nova humanidade, mas céticos não acreditam nisso. Vejo na juventude uma esperança formidável. Os jovens da "geração covid-19" estão vivenciando o poder do capital afetivo. Estão vendo a impossibilidade de o mundo continuar a ser um palco tenebroso de desigualdades, sofrimentos, perseguições e, em alguns casos, "aperfeiçoadores do mal". Há uma onda raivosa de apontar culpados, de péssimos líderes acovardados pela dimensão do incômodo que o mundo colocou à frente deles que procuram se livrar da tarefa, fugindo dos holofotes da responsabilidade.

Essa tática de fuga funciona por um tempo, porém assistiremos, com o passar de mais dois anos, ao julgamento inexorável dos líderes que não responderam ao tamanho da sua convocação. E, por outro lado, assistiremos ao surgimento de novas lideranças, sistemas de governança, consciência, cooperação e não chegaremos a um "novo normal". Após a adaptação à nova circunstância, com uma poderosa lição de humildade, vamos, sim, construir uma "nova realidade".

Segundo a rede de televisão britânica BBC, há um fato significativo para as novas realidades futuras: "da Nova Zelândia a Alemanha, Taiwan, Islândia e Noruega, alguns países liderados por mulheres estão vendo relativamente menos mortes por covid-19".[36] A colunista Avivah Wittenberg-Cox, da revista *Forbes*, as considerou "exemplos de verdadeira liderança".[37] São os países com programas de resiliência preventivos, com sistemas de saúde fortes para lidar com emergências. E, sem dúvida, alguma coisa mais evoluída no cérebro dessas líderes existe e foi colocada à prova nesta grande crise, ainda que

---

[36] UCHOA, Pablo. Coronavírus: por que países liderados por mulheres se destacam no combate à pandemia? **BBC**, 22 abr. 2020. Disponível em: https://www.bbc.com/portuguese/internacional-52376867. Acesso em: 10 jan. 2021.

[37] WITTENBERG-COX, Avivah. Mulheres na liderança são o diferencial dos países com as melhores respostas ao coronavírus. **Forbes**, 15 abr. 2020. Disponível em: https://forbes.com.br/escolhas-do-editor/2020/04/mulheres-na-lideranca-sao-o-diferencial-dos-paises-com-as-melhores-respostas-ao-coronavirus/. Acesso em: 10 jan. 2020.

outros, em vez de ter o foco no grande incômodo, aproveitem para distrair a população criando incômodos moscas, coitadinhos, murro em ponta de faca e de valores.

Viver nesta crise, escrevendo o livro sobre o poder do incômodo, foi de uma impactante constatação: quando fugimos dos legítimos incômodos, somos derrotados não pelo incômodo em si, como alguém querendo fugir de um leopardo correndo na frente dele e virando a presa mais óbvia e fácil da selva. Essa pessoa morre não pela existência do leopardo, mas pelo estúpido plano de fuga e pela teimosia em ignorar a sua presença ameaçadora.

No próximo capítulo, compartilho com você doze lições para transformar incômodos em legítimas vitórias da sua superação. Vamos juntos.

CAPÍTULO 17

Como criar realizações vitoriosas

"VOCÊ SÓ VAI CRESCER QUANDO SE CONHECER: AS ÁRVORES MAIS ALTAS SÃO AS QUE TÊM RAÍZES MAIS PROFUNDAS."

Roberto Shinyashiki

17

Antes de mais nada, peço que leiam isto para as crianças. Será importante que desde cedo elas possam ouvir palavras de como se preparar para enfrentar e vencer incômodos. Para serem líderes, precisarão saber "incomodar gostoso". E, ao mesmo tempo, temos que prepará-las para que não fujam, pois nada é mais atraente para o leão do que a presa correndo à sua frente. Que as novas gerações surpreendam os incômodos com a força criadora da sintropia da raça humana.

Como podemos aprender e ensinar superação? É o dom humano que cria a educação ou é a educação que pode criar o dom? Segundo o dicionário Aurélio, "pedagogia" é um processo formativo que atua através da comunicação e do intercâmbio de experiências humanas acumuladas, gerando aprendizagem. E, sobre superação, ao "darmos um Google", surgem 2.650.000 resultados. Para "livros de superação", em português, há 2.488.000 resultados e, em inglês, 12.800.000. Para livros de Pedagogia da Superação, nenhum resultado (até agora).

Aprendemos e ensinamos através do poder do olhar e de ensinar a olhar – o foco. Para mim, o sucesso nas superações começa por manter presente seu senso de juventude. Guardar a imagem da criança que você foi e ter certeza de que aquela criança é parte permanente do que você é e está presente em tudo o que você faz.

Em meus estudos que fiz no Museu Picasso, em Barcelona, na Espanha, descobri que ele iniciou pintando como Rafael, registrando manchas da natureza. Aprendia imitando os mais experientes. Um dia, foi impactado pelo quadro *As meninas*, de Diego Velázquez. A partir da impossibilidade de ser um Velázquez, Picasso foi buscar a própria síntese das "meninas" e criou o estilo Picasso, suas linhas únicas e próprias. Aprendeu a ser ele mesmo depois de saber ser muitos e de admirar os inspiradores. E, se fizer uma visita pela obra de Picasso, você verá que ele se volta para a mais pura criança viva dentro dele. Ao fim, Picasso era pura inovação, uma síntese. E a síntese de cada um de nós não significa o fácil, significa extrair o óbvio do que seria complexo.

Então vamos, finalmente, às doze lições para transformar incômodos em legítimas vitórias da sua superação.

LIÇÃO Nº 1 O QUE VOCÊ PODE EXTRAIR DE SI MESMO?

Qual seria a arte de Picasso em relação a si próprio? Existem superações mais fáceis, como harmonizar a vida dos seus animais de estimação com seu marido, por exemplo! E existem superações mais difíceis, como a da moça metida a soberba, do DJ sem emprego, do surfista que não trabalha nem ganha campeonato, da musa *fit* da ilusão, do *influencer* ou *coach* que nunca influenciou nem liderou nada nem ninguém.

A ilusão costuma anestesiar o enfrentamento dos legítimos incômodos. Então caímos na malha das distrações "modais". Podem ser úteis se as olharmos como experiências de aprendizado, para rapidamente aprendermos a separar sonhos de ilusão. E existem superações muito mais difíceis, como enfrentar a fuga do mundo: hoje, registramos no planeta, em média, um suicídio a cada quarenta segundos.

Então vamos lá, ao trabalho! Faça uma lista tríplice das superações mais fáceis para realizar. Quais são outras três mais difíceis para me dedicar? E qual é, afinal, a superação mais difícil da sua vida? Qual é o incômodo dragão que precisará enfrentar e vencer? Mas não se meta a fazer isso sozinho! Precisamos de aliados, planejamento e limiar de dor expandido. O meu foi parar de fazer do meu rosto queimado um incômodo insuportável. A partir daí, eu soube o que é viver.

A ilusão costuma anestesiar o enfrentamento dos legítimos incômodos.

LIÇÃO Nº 2
PODEMOS APRENDER A APRENDER

Inspire-se em histórias inspiradoras. Neste livro, aponto várias, mas procure na sua geografia. Preste atenção. A minha própria história deve servir de inspiração para olhar a sua. O que você já pode começar a extrair da própria experiência de vida e da de quem você ama? Aliás, uma pergunta vital: quem você ama?

Na minha vida, a dona Rosa me fez prestar atenção nas batatas, um efeito transformador na minha mente e na percepção do mundo ao meu redor. Quais são as suas batatas? Qual o foco que não permite que você se distraia no burburinho da feira? Quem revelou isso para você? Como isso pode inspirar você e aqueles que você ama?

Relembre Daniel Goleman e avalie você mesmo os 11% engajados, os 19% seguidores dos engajados, os 50% turistas e os 20% terroristas de sua vida. Eu já fui um pouco de cada um desses em diversas circunstâncias. Não somos perfeitos, mas a sacada é aprender a colocar nosso foco no bom engajamento. E, se ficarmos muito tempo brincando de turistas e terroristas, sem dúvida vamos colher os efeitos dessas decisões. Afinal, por que tudo deu certo? Essa pergunta é gigantesca. Costumamos perguntar por que deu errado, mas, se estamos aqui juntos neste livro, pode ter certeza, muita coisa deu certo. Por quê? Foco na batata.

Freud explica:

Para viver, temos que enfrentar quatro poderosos incômodos: 1 – O poder superior da natureza. 2 – A fragilidade de nossos corpos e mentes. 3 – Inadequação das nossas relações sociais, a civilização em ajustes permanentes de caos e criação – crises econômicas e sociais. 4 – O acaso, a lei da total imprevisibilidade: sorte *versus* azar, ou o nome que você queira dar.[38]

Paulo Freire, por sua vez, nos alerta: "O que pode ser feito agora para que se faça amanhã o que hoje não pode ser feito?".[39] Assim, vamos entender o poder criador que supera os incômodos considerados, nas suas épocas, intransponíveis. Havia gente já realizando ali o que, se não fosse realizado no presente, no futuro jamais teria sido feito.

Outro pensador, Viktor Frankl reforça: "Quem tem por que viver, pode suportar quase todo como viver".[40] Refletindo agora, com todos os extratos maravilhosos de Frankl, Freire, Makiguti e Freud, chegamos a esta máxima poderosíssima: "Quando sublimamos os instintos, o destino pouco pode fazer contra nós. A alegria de criar, a satisfação do cientista, o prazer de descobrir e de viver, o amor a uma obra, um trabalho nos oferece a metapsicologia; esse é o único caminho da possível felicidade".[41]

Ninguém supera nada sozinho, então saiba pedir ajuda. Com quem você vai ao futuro agora? Haveria alguém para chamar de um bom mentor? Ou mais do que um, para fundamentos diferentes? Na empresa, na escola, na vizinhança, na família, na saúde, no lazer? Pare e realize agora as reflexões da lição nº 2. Traga isso para a experiência da sua vida e considere os autores que mencionei. Eles são os marcos teóricos da minha tese. Precisamos aprender a aprender.

---

[38] FREUD, Sigmund. **O mal-estar na civilização**. São Paulo: Penguin, 2011.
[39] FREIRE, Paulo. *op. cit.*
[40] FRANKL, Viktor. *op. cit.*
[41] FREUD, Sigmund. *op. cit.*

LIÇÃO Nº 3 PRESTE ATENÇÃO AO MUNDO LÁ FORA E DESENVOLVA SABEDORIA

Os dez elementos abaixo são fatores determinantes da Pedagogia da Superação. Precisamos ter:
1. Limiar de dor mais forte.
2. Criatividade.
3. Talentos e habilidades.
4. Amabilidade.
5. Engajamento e sentidos elevados.
6. Amor a causas, obras e pessoas.
7. Nossa criança interior viva.
8. Inteligência emocional.
9. Hierarquia de valores virtuosos.
10. Protagonismo e guerra à autovitimização.

Como estamos em cada um desses dez pontos? As grandes viradas partem da inspiração super-racional. Como os exemplos transmitidos neste livro dialogam com você? Observe o sucesso de empresários, pessoas, estudantes que não hesitaram em procurar os melhores, que poderiam se unir a você.

Platão escreveu: "Vencer a si próprio é a maior das vitórias – não ensinamos nada a ninguém, apenas resgatamos o que já possuem adormecido dentro de si".[42] A vontade, coisa essencial. Como despertar a vontade quando ela nos falta? Como fazer isso com quem amamos? E aí, podemos lembrar um velho ditado: "Você pode levar um cavalo até a fonte, mas não consegue fazê-lo beber água". O problema do sobrevivente, do sem vontade, é que ele se adapta cada vez mais a essa estratégia de vitimização e indiferença. Fica como os batráquios na água em banho-maria: o problema é que uma hora

---
[42] PLATÃO. **Leis**. Lisboa: Edições 70, 2017.

a água vai ferver e eles não vão conseguir saltar. E o problema com você será que ainda vai queimar a sua mão para tentar tirá-los da água fervente.

Precisamos saber incomodar de um jeito agradável os amornados, acomodados. Se o incômodo não for gostoso, ficarão ainda mais indiferentes. E, eu sei, você ainda ficará com sentimento de culpa. Precisa descobrir no "morno" a centelha da sua vontade. Já vi acomodados e desanimados com tudo o que faziam se apaixonarem por um estudo diferente e se apegarem profundamente àquilo. Já vi outros bem medianos e morninhos na sua profissão que, ao serem demitidos, se encantaram com um trabalho voluntário com moradores de rua. Enfim, todos têm salvação, ainda que os mornos precisem de lideranças. Se os abandonarmos, pior ainda. Mais cedo ou mais tarde, tudo isso volta para nós mesmos, ou como família ou como sociedade.

"O mestre não é quem sempre ensina, mas quem de repente aprende",[43] afirmou o escritor mineiro João Guimarães Rosa. Aí está um belo incômodo para os engajadíssimos. O abandono só pode ser superado pela força vivificante da criação. Temos que colocar energia, amor, vida e ordem na bagunça. A tal da motivação está sempre presente. O problema é que pode estar ali para fazer ou para "não fazer".

Os povos mais bem-sucedidos nos primórdios foram os que aprenderam a lutar juntos. Isso permitia que os menos capacitados também desempenhassem melhor. E, nos estudos empresariais, já sabemos que o que mais motiva uma pessoa é ter a verdadeira percepção do sucesso. Conseguir. Fazer o gol. Isso é motivação na veia. Por isso, para movimentarmos nossos "morninhos", nada como métricas com as quais possamos celebrar pequenos avanços. O grande sucesso será sempre o resultado de pequenos sucessos cotidianos. O grande fracasso será uma coleta de pequenos fracassos ao longo de um ciclo.

---

[43] ROSA, João Guimarães. **Pensador**. Disponível em: https://www.pensador.com/frase/NDg4OTAw/. Acesso em: 31 jan. 2021.

CAPÍTULO 17 COMO CRIAR REALIZAÇÕES VITORIOSAS

Mas vamos mexer conosco agora. Somos o resultado do foco das nossas paixões. Vamos responder e refletir: a minha superação me inspira a ver a superação dos outros? Quem você conhece cuja superação admira? O Brasil é o resultado de imigrantes de todos os lugares do mundo. Quem foram nossos ancestrais? Indígenas, africanos escravizados, imigrantes que vieram de lugares com guerras, perseguições, fome, sofrimentos. Aqui, nos misturamos todos. E, mesmo com todos os nossos problemas, estamos dentro das dez maiores economias do planeta. O que você acha? Em que o país nos inspira? E o que podemos inspirar ao país? Superar é criar valor a partir da própria vida, sob quaisquer circunstâncias. É fácil, basta gostar.

Precisamos prestar atenção ao mundo lá fora. Aprender a aprender. Iniciarmos o resgate. O nosso próprio resgate, muitas vezes, do trauma. Fazermos o que tem que ser feito na situação dramática da emergência. Eu, por exemplo, estou vivo porque minha vizinha saltou o muro e me salvou, fez o que tinha que ser feito naquela situação. Resgatou-me. Após o resgate, precisamos ser acolhidos. Precisamos de carinho, afeto, humanismo, amor e cuidado. Cuide dos outros e não descuide de si mesmo. Resgatados e acolhidos, vamos à luta.

Vem, agora, a reeducação, preparar e ensinar a nova vida. A nova realidade. Vamos rever o valor de tudo. Depois de um trauma, jamais seremos os mesmos. Portanto, agora estamos todos muito dependentes de para quem olhamos e com quem queremos ir ao futuro. Reeducados, vamos agora nos reinserir no mundo.

Vamos compartilhar e participar da nova sociedade. Uma reinserção na economia, no mercado, no trabalho no mundo que continua e não vai esperar por ninguém. E, finalmente, após esses três degraus, chega o "libertar", o tirar as amarras, estimular novas religações, transmitir o melhor do aprendizado para gerações futuras, transformar vítimas em heróis da superação.

LIÇÃO Nº 4 VONTADE: COMO CRIAR VONTADE QUANDO ELA NOS FALTA?

Como diz Morganti, mestre da academia Ju Jítsu: "Quem teme perder já está vencido".

Os jesuítas fizeram grandes obras com os índios. Basta visitar a área das Missões no Rio Grande do Sul para perceber. Mas como movimentavam milhares de índios sendo eles mesmos poucos e não contando com forças armadas? Identifiquei na obra jesuítica os seguintes passos: a raiz dos medos é o que precisa ser identificado, pois, a partir da coragem, iniciamos a construção da dignidade humana. A análise da realidade era uma inteligência dos jesuítas. Discernimento acompanhado da ética do cuidado de colocar pessoas em primeiro lugar. Sabiam estabelecer um diálogo com os diferentes. Experimentavam e aprendiam junto com as culturas dos indígenas.

E então revelavam o poder da sua potência humana. Sem dúvida, a capacidade da empatia era imensa no talento jesuítico. Mas, claro, só empatia não bastava. Precisavam ter uma total vontade infantojuvenil de conduzir os povos indígenas na construção de obras. Assim o fizeram e, ao fim, morreram por essa causa, quando foram expulsos do Brasil. Quem seriam os gigantes imaginários que nos amedrontam, são incômodos reais ou fantasmas da nossa cuca?

Na obra *O mundo de gelo e fogo*, o escritor estadunidense George R. R. Martin escreveu sobre o que atemorizava as populações: "Os gigantes eram apenas homens que usavam muitas peles, adereços como chifres e aprenderam a andar em pernas de pau – os homens primitivos os chamavam de gigantes, mas eram de fato apenas outros homens camuflados. Assim, a ficção é criada e o poder do medo, instalado".[44] Esse medo vem quando somos fracos, muito

---
[44] MARTIN, George R. R. **O mundo de gelo e fogo**. São Paulo: Leya, 2017.

ansiosos por aprovações, quando somos frágeis, titubeantes e hesitantes nas decisões. Quais medos reais devemos enfrentar agora? Quais medos imaginários vamos explodir?

Eu tive vários. Se me rendesse a eles, não teria emprego em lugar nenhum. Jamais uma moça namoraria comigo. Seria despedido dos empregos que conseguisse, jamais viajaria para fora do país, nunca trabalharia em uma empresa como o jornal O Estado de S. Paulo (pensava isso na época em que estudava jornalismo na Fundação Cásper Líbero – e imagine só, fui diretor estatutário dessa admirável empresa de comunicação anos depois), jamais teria filhos e mais um monte de besteiras. Terríveis incômodos imaginados da pior espécie de "coitadinho de mim". E todos eles foram se demonstrando bobagens da minha cabeça, pois as realidades iam destruindo um a um tais falsos incômodos. E, no contraponto desses, foram aparecendo os verdadeiros e legítimos incômodos, aqueles que valiam a pena colocar na frente, aprender, acreditar, criar e inspirar.

E, já que me expus aos montes para você, falando do ridículo das besteiras imaginárias da minha cuca, agora é com você. Vamos lá. À vontade. Vamos explodir o que não presta para fortalecermos a vontade do que presta e nos presta. Amor, energia, vida e ordem. O abandono só pode ser superado pela força vivificante da criação.

Você poderia perguntar: "mas, Tejon, com todas essas besteiras que você tinha na cabeça, como superou tudo?". Bem, tive a sorte danada de ter dois pais adotivos e uma família adotiva que martelavam na minha cuca e construíram uma vontade inconsciente de admirar pessoas, de ter foco – as tais batatas. De não ter vergonha da cara, e sim vergonha na cara. Do trabalho digno, do estudo e da criação. Meu violão, por exemplo, era minha salvação mental. Também assim o texto, a redação. Essa base instalada no inconsciente dos meus neurônios prevalecia, e eu fazia. E, ao fazer, alterava as falsas imagens distorcidas do meu pensamento tolo. Por isso, muita atenção com as nossas crianças. São esponjas que absorvem tudo. E, lá no inconsciente delas, já está cravado o tipo de adulto em que

Vamos explodir o que não presta para fortalecermos a vontade do que presta e nos presta. Amor, energia, vida e ordem.

se transformarão. Demorei para descobrir essa pérola dentro da minha ostra defeituosa.

E uma dica: não desperdice conhecimentos nem oportunidades. Pegue tudo que lhe for oferecido. Não sabemos em qual ostra a pérola pode germinar. E nunca se esqueça do ALEE!

Sugiro, então, três inícios. Três pequenas vontades para cumprir o que você sabe que precisa ser feito. Por exemplo, uma pessoa me escreveu (aliás, leitor, não hesite, mande e-mails para mim) reclamando que seu sonho era trabalhar na área da saúde, em hospitais, mas que, já com mais de 40 anos, só havia trabalhado até então em redes de drogarias. Eu perguntei: será que o setor de saúde em toda área de drogarias não é fascinante da mesma forma? Nas farmácias, você pode conhecer centenas de pessoas, gente dos laboratórios, médicos, gente de hospitais. Você nunca teve nenhuma oportunidade de conversar com alguém sobre isso? Gente com quem você trabalhou ao longo de vinte anos? Ninguém nunca a convidou para alguma outra área da saúde? Das duas, uma: ou você não foi percebida por ninguém ou a vida a encheu de oportunidades no ramo das drogarias e você ainda não as pegou. O que precisa fazer doravante? Qual sua legítima vontade?

Liderar a si mesmo nem sempre será fazer o que você gosta, mas o que precisa ser feito. O que você quer mesmo, no âmago da sua vontade? Você tem medo de ter uma forte vontade? A raiz de todos os males do mundo está no medo.

LIÇÃO Nº 5 VOCÊ TEM MEDO DE QUÊ? O VALOR DA AUTOESTIMA

O que é medo irracional e o que exige sua atenção? Lembre-se de mim morrendo de medo de besteiras falsas e imaginárias. Que medidas você pode tomar para controlar seus medos? Levei anos para expulsá-los, mesmo os mais tolos. Que sofrimento inútil. O que são e quais são os seus medos reais? Vamos lá.

Separe gigantes imaginários de realidades reais. Quais os passos mínimos diários que vamos realizar para a construção real dos sonhos? Seja como for, o grande sucesso será o resultado de uma série de pequenos sucessos. Eles podem estar ocorrendo e nem percebermos.

Muitas vezes, para saber quem sou, preciso me lapidar e descobrir quem não sou. Faça isso o quanto antes. Idealmente cedo, na tenra juventude. Descubra seu dom. A vida não nos dá tempo. Não tem ensaio e, por isso, não podemos ter medo. Amyr Klink, o navegador brasileiro, me disse certa vez que "quando entra no mar, não dá tempo para temer. Medo só sentia na hora do planejamento. Ali, precisava avaliar todos os riscos. Se o planejamento fosse malfeito, o resultado poderia ser a própria morte". Dessa forma, ao ler este *O poder do incômodo*, você está executando parte de um planejamento, mas, quando partir para a vida, não pode ter medo.

Cuidado com falsos ídolos. Falsos profetas. Falastrões. São Francisco de Assis registrou: "Os que amam ser temidos temem ser amados, por isso são os mais medrosos de todos".[45] Maravilhosamente sábio, não?

Como eu mesmo revelei acima, é importante extirpar o falso do verdadeiro dentro de nós mesmos. Trabalhe intensamente na realidade. Isso nos faz vencer. O autoengano é o pior de todos os enganos e

---

[45] FILHO, Eduardo Vargas de Macedo Soares. *Como pensam os humanos – Frases Célebres.* Guarulhos: Leud, 2016.

incômodos. Ele é falso. O incômodo *fake news*, dentro de nós mesmos. Nem precisa de rede social, pois ele está na nossa "rede mental".

LIÇÃO Nº 6 QUESTÃO DE FÉ

A serendipidade significa achar o que não imaginávamos achar enquanto procurávamos outras coisas. Por isso o fazer, o pegar na realidade e malhar, faz a diferença. Sabemos pouco, muito pouco, e ainda somos traídos pela falsa sensação de verdade na nossa própria mente. Nesse sentido, talento é a arte que temos de nos expor às experiências. Experimente, sem medo. Ali estarão descobertas legítimas. Experiências vivas.

O Alexandre Costa, da Cacau Show, por exemplo, tinha fé nas trufas. Mas foi andando e descobrindo que ele transformou uma fábrica de chocolates caseiros na maior franquia do mundo.

O cientista alemão Friedrich August Kekulé Von Stradonitz um dia sonhou com o uróboro, uma serpente que se devora pela própria cauda. E, ali, conectou a descoberta do carbono, o mais conectivo de todos os elementos da vida. Não haveria vida sem o carbono, pois ele se une e se acopla a tudo. Um sonho, a fé cega.

Vamos descobrindo os nossos códigos. Portanto, examine a sua vida. Não duvide do seu destino e lembre-se: é proibido ter medo. Superar exige abertura para dar chances ao acaso. Conte as suas. Brinque como uma criança. Agora. Assim faremos a próxima lição.

LIÇÃO Nº 7 SUA CRIANÇA, SUA CAPACIDADE EMPÁTICA DE ATRAIR AJUDA, A SUPERAÇÃO DO BULLYING

Vocês viram Fernando, nas páginas anteriores, com 106 anos e vivendo como se fosse um jovem de 26 ou uma criança de 6. Onde está sua criança interior? Como buscamos seu estado criativo? O que você realmente gostava de fazer na infância? Esqueceu? Você sofreu bullying? Ainda sofre?

Crianças e jovens morrem de medo do bullying. Nos afastamos dele quando o fator que atrai o foco dessa atenção não significa mais dentro dessa pessoa uma fraqueza, eliminando, assim, os efeitos esperados para aquele que o pratica.

Exploda o medo do bullying de dentro de você – nisso, sou doutor. Imagine o que não ouvi com a minha cara queimada. Como eu adoraria a ideia de que todos tivessem que usar máscaras quando eu vivia minha infância e juventude. Mas a máscara real não é aquela do lado de fora do rosto, mas a que temos do lado de dentro, sob o ponto de vista psicológico.

Bullyings são incômodos que, ao serem ignorados, deixam de existir. Aqueles que os praticam sempre existirão. Costuma ser uma prática das personalidades mais perversas e desassistidas de amor dentro de um grupo ou sociedade. A indiferença torna o bullying ineficaz para quem o pratica e para quem se vitimiza.

Você poderia perguntar: "Tejon, mesmo hoje que você não está nem aí com isso, não sofre uns bullyings de vez em quando?". Não os vejo, embora alguns sejam notórios. Como atuei na rede Jovem Pan, que virou rádio e TV, lá estava frequentemente com a minha "carinha". E, quando entrevistava alguém de quem um radical não gostava, ele achava que eu era o culpado das raivas que sente. Outro dia, entrevistando o governador João Dória, um opositor raivoso mandou uma mensagem dizendo que eu parecia um ser do fundo do mar, como se fosse um anfíbio. Ri muito e respondi que adoraria encontrar essa pessoa lá no fundo da fossa do Mindanao, nas Filipinas, o maior buraco do mundo, com 10 mil metros de profundidade para dentro da Terra, onde poderíamos curtir uma refeição ao lado dos meus amigos "abissais". Quando o bullying não faz sentido, você passa a rir dele e o devolve com charme e elegância.

Com a fé em nós mesmos e as buscas no entorno do que nos cerca, o equilíbrio se torna responsável pela evolução e pela vida. Misture-se.

Amalgame-se. Não tema o externo. Não para ser igual ao lado de fora, mas para lapidar a obra de arte que existe dentro de você.

Uma ótima pergunta na busca da superação é: para quem vamos fazer tudo isso? Não posso magoar minha mãe e meu pai adotivos. Que vergonha se os envergonhasse – os meus pais, meus filhos, minha família, minha empresa com minha equipe, meus alunos, meus leitores. E você, qual é a fé que move todas as montanhas da sua vida?

Não estou falando de Deus, Cristo, Buda, Moisés, Maomé, Ganesha. A fé neles é ótima, mas precisamos, aqui na Terra, executar, realizar. Pegar do cálice e tomar. Fazer o que tem que ser feito. Cristo mesmo disse: "a César as coisas que são de César, e a Deus as coisas que são de Deus". (Mateus 22:21)

Não dá mais para ficar parado nem para voltar atrás. Agora vai. Vamos. Só tem o para a frente. Logo, se estou aqui e não tem volta, preciso viver a paixão pela nova circunstância. Viva agora. No início, vai doer, incomodar e machucar, mas vamos aprender a gostar. Tocar guitarra, por exemplo, no início pode até sangrar os dedos. Depois, faz calos. O sofrimento se rende ao prazer do sentido, e gostamos muito do som e da música.

Então ame. Ame novas amizades, novas relações, novas pessoas. Nova gente. Não superamos nada sozinhos e, para a jornada da superação, temos que sair de casa. Talvez alguém da nossa casa vá conosco, mas, ao longo da viagem, da jornada da vitória da superação da nossa vida, faremos amigos, aliados. E cada escolha, cada pessoa, será decisiva nas lutas íntimas que travaremos neste planeta dos "incômodos".

LIÇÃO Nº 8
ENGAJAMENTO PROFUNDO

Até macaco sabe a diferença entre cipó e cobra, então cuidado com as distrações. Os sinais do mundo, seus incômodos, servem para nos guiar, e não para nos desesperar. Como seus valores têm reagido aos estímulos do mundo? Você anda procurando culpados? Acha que a responsabilidade

CAPÍTULO 17 COMO CRIAR REALIZAÇÕES VITORIOSAS

pelo que lhe acontece é de alguém, de um grupo, dos outros? A hierarquia de nossos valores na mente é o nosso pai e mãe interiores. Define onde vamos nos engajar, nos oferece sentidos e valores, os quais nos guiam, mesmo quando na superfície de nossas percepções somos tomados pelos medos imaginários e pelas falsas ilusões colocadas nas nossas cabeças por interesses dominadores e hipnóticos de terceiros.

A superação não significa apenas vencer um obstáculo. Ela só vale se você criar valor e riqueza a partir dela para muitos. Meu amigo maestro João Carlos Martins hoje distribui riqueza na forma de janelas de vida para milhões de pessoas, com seu exemplo e levando jovens com dificuldades financeiras para a possibilidade da música. E aqui vai o estudo que quero que você faça: como encontrar sentido?

Para responder a essa pergunta, utilizo uma frase de Frankl: "Tudo o que podemos fazer é estudar a vida de pessoas que parecem haver encontrado suas respostas às questões em torno das quais gira em última análise a vida humana. E compará-las com a vida daqueles que não as encontraram".[46] Topa fazer isso?

Vamos lá. Quem será seu alvo de estudo e reflexão? Imagine o que você faria se pudesse viver um dia com um dos seres que mais admira. Temos de aprofundar e buscar esse engajamento em sentido profundo. Estamos no bom caminho da vitória das superações, de como realizar. Vamos reunindo essas lições todas. Não se assuste, pois haverá sacrifício, transformação, afetividade, riqueza, transmissão, desenvolvimento do tônus vital, da força da luta e empatia. Temos que chegar ao cérebro através dos corações. Com relacionamentos com amor, intelectualidade, racionalidade, espiritualidade e provocadores incômodos. Como você está na sua agenda com esses tipos de elo? E nada de fugir dos que incomodam, pois muitas vezes eles são o mais importante para o nosso progresso. Mas é muito bom ter e cultivar todos os outros. Com isso, partimos para a jornada da felicidade, que só possível com a percepção do sucesso.

---

46 FRANKL, Viktor. *op. cit.*

LIÇÃO Nº 9 O DIREITO DE SER FELIZ E O DEVER DA CONQUISTA

Segundo Alexandre Herculano, "vencer a si mesmo após a vitória. Parar para corrigir. É fundamental. É um erro vulgar confundir desejar com o querer. O desejo mede obstáculos, a vontade vence-os".[47]

Para tudo o que você faz, dê notas de 0 a 10. Como podemos ser felizes onde estamos, nas circunstâncias que temos? "E não se esqueça, quando estiver passando pelo inferno, continue caminhando",[48] como disse Winston Churchill, ex-primeiro-ministro do Reino Unido.

Pratique a autocrítica, o poder de se ver de fora. Vivencie. Outro dia, dei uma imensa bronca em mim mesmo, pois pela terceira vez saí de casa esquecendo algo que não podia esquecer e precisei voltar. Levei imensa bronca de mim mesmo.

Adaptarmo-nos ao mundo e às suas mudanças é um sinal da inteligência da evolução, tal como Darwin registrou. Não é o mais forte que progride, é o mais inteligente, o que se adapta velozmente às mudanças.

E, como já falei, como seres humanos nós não apenas nos adaptamos, o que seria uma acomodação, em última instância. Transformaremos as realidades e também planejaremos para ser mais resilientes perante realidades futuras previsíveis e indesejáveis. Nesse sentido, temos as amizades como um "esmeril", que nos ajudam no nosso aperfeiçoamento e nós, no delas, e o amor exponencial, do qual já tratamos neste livro como o poder único de aperfeiçoamento das imperfeições. Mas, para fazer isso tudo, precisa querer, precisa ter a devida agressividade para competir com excelência e precisão.

---

[47] HERCULANO, Alexandre. **Pensador**. Disponível em: https://www.pensador.com/frase/MTIzMjM/#:~:text=%C3%89%20erro%20vulgar%20confundir%20o%20desejar%20com%20o%20querer.,Inquisi%C3%A7%C3%A3o%20em%20Portugal%3A%20tentativa%20hist%C3%B3rica. Acesso em: 31 jan. 2021.

[48] CHURCHILL, Winston. **Atitude Reflexiva**. Disponível em: https://atitudereflexiva.wordpress.com/2016/11/18/frases-de-winston-churchill/. Acesso em: 31 jan. 2021.

LIÇÃO Nº 10 AS INCERTEZAS, A BUSCA DA SABEDORIA E A ATRAÇÃO DA SORTE

A sorte favorece os audaciosos e nunca lhe dará aquilo que lhe é estranho. A sorte pode ser também o preparo e a atração de pessoas alinhadas com você se buscar direito o foco que definiu. Quantos caminhos nos são abertos pelo foco no qual colocamos nossa atenção? Pessoas, lugares aonde vamos, escolas em que decidimos estudar. Vamos aprender a ser, aprender a fazer, aprender a conviver, aprender a conhecer, aprender a empreender e aprender a atuar. Estes são os pilares da educação. Educar é expandir competências, superar.

O professor chega quando o aluno está pronto. Tudo exige o clique, o despertador da vontade. Se não estivermos incomodados, não nos movimentamos. Navios ficam mais seguros no cais, porém não é para isso que foram feitos. Precisam navegar. Aviões também ficam muito mais seguros nos hangares, mas não é para isso que servem.

Então vamos andar. Precisamos ser indivíduos altamente capacitados e prontos, ponto final. Precisamos ser membros colaboradores de equipes, pois nada faremos sozinhos. Governança e gestão serão exigidas na nossa vida, não importa a sua profissão e missão. Liderança eficaz, por fim, na qual você desempenhará o sentido magno da sua existência.

Sou o resultado de dois pais adotivos, você já sabe. Eles não fizeram mais nada – bens, dinheiro, obras. Eu sou a obra deles. Ou seja: a liderança pode ser a de legados de fundações, filosofias que mudam a vida, pode ser de impérios ou pode ser simplesmente a liderança gerando uma só pessoa. Todos temos uma obra a criar e seremos julgados exclusivamente pelas nossas obras. Quantas vezes atraímos a sorte? Pense nisto: com um segundo a mais ou a menos, tudo poderia ser diferente. O que vamos fazer para que a sorte não nos esqueça?

Crise é a inquietação, o desagradável, mas krisis, do grego, quer dizer criação, interpretação de sonhos, criar valor a partir da própria vida.

LIÇÃO Nº 11
GUERREIROS NÃO DESISTEM

Chamamos a vida, superamos os incômodos quando compreendemos estar, de fato, no leme de nossas vidas. Assim, seremos melhores para sermos maiores. Há um ciclo virtuoso, e vamos a ele. Abertura para aprender: não é triste quem não muda de ideias; triste é não ter ideias para mudar.[49] Compreender o futuro e mergulhar nele para que ele venha pela frente.

Crise é a inquietação, o desagradável, mas *krisis*, do grego, quer dizer criação, interpretação de sonhos, criar valor a partir da própria vida. Não espere que a vida crie valor em você, transforme obstáculos em oportunidades. Conheço muitos indivíduos que não puderam quando queriam porque não quiseram quando podiam. Inspirar é diferente de atender. Dentro do caroço de uma laranja, há um laranjal inteirinho, mas cada árvore tem sua luta. Vitoriosos admiram outros vitoriosos. Preste atenção em quem supera. Não abandone nunca sua criança interior. Brinque com ela. A força inovadora da sua criança é que vai movimentá-lo. Jamais, nunca pare de aprender.

Não se assuste com o incerto, ele é certo. Edgar Morin nos deixou uma importante questão: "Somos criados para a certeza, jamais

---

[49] ITARARÉ, Barão de. **Pensador**. Disponível em: https://www.pensador.com/frase/NTkzNTI5/. Acesso em: 31 jan. 2021.

para as incertezas. Quem forma os novos pais e educadores?".[50] E aqui vai outra grande pergunta que me incomoda poderosamente: por que só alguns superam obstáculos se todos poderiam? Por que outros não os superam se todos deveriam?

Desde criança, precisamos aprender e saber o que faremos sozinhos e o que faremos com a ajuda de outros. Aprender a aprender é a lição de todas as lições. Tem gente que escolhe mentores, mas não os segue. Pelo efeito nefasto da arrogância, logo deseja se transformar na mentora do mentor. Revela uma falha de processo mental. Viver na Terra é cheio de incômodos, mesmo, e existem exemplos horríveis de incômodos ultrajantes. Mas, como vimos aqui, para cada obstáculo haverá sempre soluções criadoras. Sempre.

Eu sei que Gandhi foi esfaqueado e John Lennon baleado. Sabemos que alguém matou Arquimedes com uma espada. Outros mataram Sócrates com cicuta. Alan Turing, herói da Segunda Guerra, se suicidou por perseguições homofóbicas. E sabemos que há uma marcha da insensatez registrada na história, que Cristo foi crucificado, Paulo decapitado, e que Pedro morreu na cruz.

Mas a vida venceu. Sempre venceu. A música venceu, os ideais ascensionais venceram. O bem superou. A única certeza que temos está na felicidade de fazer o que tem que ser feito, dentro do ALEE. O legítimo cálice da vontade superior que nos alegra e motiva na vida com a vitória da superação.

LIÇÃO Nº 12 OS CASOS NÃO EXITOSOS: COMO EVITAR ESSES PASSOS E O GRANDE SEGREDO

Como última lição, vamos pensar nos casos não exitosos. Atribuir culpa é um pecado capital que nos leva ao insucesso. Tenha coragem,

---

[50] MORIN, Edgar; LE MOIGNE, Jean-Louis. **A inteligência da complexidade**. São Paulo: Peirópolis, 2000.

aprenda a olhar quem nos deve inspirar e mantenha o foco no que tem que ser feito. Preste atenção à batata.

O princípio da superação é que você pode, eu posso, nós podemos. Podemos, sim, aprender a aprender. Não perca tempo. Preste atenção no mundo lá fora, desenvolva sabedoria, pois a vontade existe dentro de nós. E para quem a vamos direcionar? Se existem medos, tenha fé, autoestima, e não se esqueça da nossa criança interior. Que poder maravilhoso! O engajamento profundo nos transforma ao transformarmos a realidade externa. Há um caminho para vencer, e é a felicidade. Vitoriosos não abandonam a luta.

O grande segredo é que o que você pensa da superação não muda a superação, mas muda a sua vida. O que eu pensava da queimadura no meu rosto não mudava o meu rosto, mas o que aprendi a pensar do meu rosto mudou a minha vida. O que eu pensava dos vendedores das listas telefônicas no meu primeiro emprego, em São Paulo, não mudou os vendedores, mas mudou a minha vida. O que eu pensava da agricultura quando fui trabalhar nesse setor não mudou a agricultura, mas mudou a minha vida no agronegócio. O que eu penso do governo não muda o governo, mas muda minha vida sob o governo. O que eu penso dos incômodos não muda os incômodos, mas muda a minha vida reagindo aos incômodos.

E o que pensamos do mundo não muda o mundo, mas muda a nossa vida no mundo. E aí, quem sabe, pode até mudar o mundo.

CAPÍTULO 18

O incômodo é genial

"VOCÊ NÃO PODE PRODUZIR ALGUMA COISA INTERESSANTE SE NÃO ESTIVER INTERESSADO EM ALGUMA COISA. MAS ATENÇÃO: IDEIAS NASCIDAS DA IGNORÂNCIA SÃO INVARIAVELMENTE FRACAS E INÚTEIS."

Will Gompertz

18

O imperfeito é o que tem movido a humanidade. As imperfeições geram os incômodos, que são poderosas alavancas das mudanças que levam os indivíduos e a humanidade adiante. É pelo inconformismo com a imperfeição que buscamos o aperfeiçoamento constante de tudo o que fazemos, que criamos empresas para resolver incômodos. Precisamos da angústia para evoluir. O incômodo é genial na nossa vida. Tudo o que nos incomoda não nos acomoda. E a não acomodação é tudo na transformação da vida. É o incômodo que faz o mundo avançar.

Pedi o prefácio deste livro ao professor Marco Antonio Villa, que aprendi a admirar pelo seu espetacular poder de incomodar. Villa incomoda esquerda, centro, direita, é um símbolo vivo, humano, de inquietação. A sua inquietude gera revoltados, raivosos e furiosos, mas oferece também o lado maravilhoso dos incômodos. Transforma-nos em seres pensantes, não acomodados com nenhuma ideia que possamos imaginar ser eterna. Concordando ou discordando do professor Villa, ele nos faz sentir gente. Não está ali para dizer o que queremos ouvir. Não tem medo de dizer o que a elite, ou governantes, ou empresários, ou eu, ou você não gostaríamos de ouvir. Mas ele está ali.

E pedi um posfácio ao desembargador Dr. Paulo Dimas Mascaretti, um homem a que pude assistir, do alto de suas funções na justiça e cidadania, se emocionar com as necessidades e angústias humanas. Da mesma forma, carregando consigo o profundo incômodo de ser justo e humano num mundo muito carente de aperfeiçoamento.

O mal pode ser aperfeiçoado: basta visitarmos um museu das torturas para ver. Impressionante como seres humanos aperfeiçoaram instrumentos torturadores pelo simples prazer do espetáculo do suplício antes da execução.

Sim, o mal pode ser aperfeiçoado, basta analisarmos o projeto industrial dos campos de extermínio nazistas na Segunda Guerra Mundial. Esse mal e seu aperfeiçoamento não podem ser associados exclusivamente a um povo, uma nação, pois a maldade que escorre em parte da genética humana se espraia por aí. De certa forma, é como um vírus, e é possível observá-lo na base da vida.

Não consigo me esquecer de dois moleques da minha rua de criança que eram naturalmente malévolos. Mas, se o mal pode ser aperfeiçoado, sabemos, pela própria natureza, que o aprimoramento das forças destruidoras, a entropia, termina sempre em tragédia. Ou explode e serve como adubo para recriação de novos mundos.

O que nos interessa aqui é o aperfeiçoamento do bem. Das forças criadoras, o oposto da entropia. A sintropia. O poder criador benévolo. Essa é uma luta que ocorre dentro de nós. Na própria família. Na nossa rua, no condomínio, na empresa, na cidade, no país e no mundo.

O crescimento do mal sempre obedece a um enfraquecimento do bem e a uma ausência da sensatez, da consciência, da evolução humanista. O mal é covarde, pois se omite do aperfeiçoamento do entorno. Entende que seu sucesso será advindo da destruição e aniquilação daquilo que entende ser o "incômodo". O incômodo que não permite o exponencial da sua vida. E esses indivíduos sempre formam grupos obcecados, com total disposição ao risco e ausência de pragmatismo. Se eu quero conduzir o meu país ao progresso, não conseguirei exterminando parte dos meus cidadãos por não pensarem como eu. E isso ocorre da mesma forma em tudo na

O que nos interessa aqui é o aperfeiçoamento do bem. Das forças criadoras, o oposto da entropia. A sintropia. O poder criador benévolo.

minha vida. Logo, o caminho para a superação sempre exigirá o grito **ALEE**.

Quem foge da vida, não querendo fazer nada para transformar a própria trajetória e a dos outros, mais cedo ou mais tarde impedirá o progresso daqueles que desejam atuar sobre as mudanças. Portanto, me incomodam aqueles que não se sentem incomodados. Há algo de erradíssimo aí. É impossível viver na Terra e não estar incomodado com dramas sociais, educacionais, dores, mortes. Incomodado a ponto de realizar uma pesquisa que salve vidas ou um procedimento que evite acidentes tristes ou ações socioeducativas que evitem crianças precisarem de uma unidade correcional.

Como eu, há muitos incomodados querendo aperfeiçoar o mundo. Vamos juntos realizar. A gente pode fazer juntos. É o não aperfeiçoamento das imperfeições que gera a infelicidade, principalmente sobre a inocência das crianças.

O professor de História Sérgio Bandeira de Mello me disse que, quando treinava natação, o treinador dizia para os alunos: "Não olhem para seus adversários. O adversário é o cronômetro". Portanto, leitoras e leitores, não percam tempo olhando para o José ou o André, a Maria ou a Rita. Vamos prestar atenção ao cronômetro. Ao deus Cronos, colocado no mundo por Zeus para nos punir. Afinal, nada pode ser mais incômodo do que o tempo.

De olho no tempo, vamos captar os incômodos e fazer de cada um deles a razão de ser de uma pesquisa para descobrirmos as fórmulas da superação como autodidatas, pois não existe universidade nessa arte. Não nascemos prontos, mas podemos aprender a aprender e, assim, incomodados, crescer a partir do majestoso poder do incômodo.

Se o poder do incômodo move e chacoalha, é no poder do aperfeiçoamento das imperfeições que residem a transformação e a evolução de cada ser humano. Está incomodado na empresa, aperfeiçoe. Está incomodado no casamento, aperfeiçoe. Está incomodado no país, aperfeiçoe. Está incomodado consigo mesmo, aperfeiçoe.

Quando isso fica consciente, claro, lúcido, límpido na nossa visão, o que antes seria triste, choro, medo, somente o lado angustiante de uma jornada, fica tomado por um brilho, uma luz intensa, uma convocação imensa. E a partir daí podemos conhecer a verdade da alegria profunda.

Não mais apenas a superfície alegre, o surfar da felicidade, mas sim o mergulho ao fundo da força extraordinária, o encontro criador do amor. Quem ama não espera pronto. Quem ama ama o aperfeiçoamento.

Não nascem pérolas em ostras perfeitas; elas precisam ter um defeito. É a partir de uma rachadura, um ferimento, que vem a condição para a pérola nascer. O aperfeiçoamento da vida humana na Terra provavelmente é o maior incômodo divino entre todos. Afinal, observamos milênios de pregações, livros sagrados, filosofias e construções humanas objetivando exatamente esse aperfeiçoar. Também podemos ver guerras por uns acreditarem que só não somos perfeitos por culpa daqueles que consideram imperfeitos. Que imperfeição de pensamento desses imperfeitos!

Queremos o aperfeiçoamento da vida humana na Terra em todas as suas circunstâncias, voltado ao horizonte da evolução ascensional da vida. Essa é, sim, a força que deve liderar todas as nossas decisões a partir do incômodo dado. Antes, nossa frase era: "Os incomodados que se mudem". Agora será: "Os incomodados que se transformem, aperfeiçoem a vida ao seu redor e incomodem os acomodados. Os acomodados que mudem". Os indiferentes jamais serão os mesmos, pois os diferentes sempre vencem. De olho no cronômetro. Tic-tac, tic-tac, tic-tac.

CAPÍTULO 19

Da dona Zeta à Conceição: diretora de uma grande multinacional

"IN THE END,
THE LOVE YOU TAKE
IS EQUAL TO THE
LOVE YOU MAKE."

The Beatles

* Em tradução livre: "No fim, o amor que você recebe é igual ao amor que você dá".

19

Aviso: este último trecho de O *poder do incômodo* vem para incomodar mesmo. E começo citando a frase de Maria da Conceição Guimarães, filha da Maria José, a dona Zeta de Taubaté, empregada doméstica, com outros três filhos homens, e de um pai falecido precocemente, reagindo ao tema deste livro: "Acho que só evoluí com o desconforto. Para mim, é muito positivo. Odeio a zona de conforto. Nada me provoca mais do que tudo o que me incomoda!".

O incômodo, ao contrário de nos trazer a indiferença ou a raiva com ódio, é o estimulador maior do amor. Essa é a minha tese. E este caso não é apenas tinta impressa no papel, muito menos digitalizações atrás das telas de LED. Trata-se da história da Conceição, a "Con", como é carinhosamente chamada, hoje diretora de Recursos Humanos da indiana UPL, a quinta maior companhia química do mundo.

Essa história, entretanto, nasce com a força da alma e de vida da dona Zeta, uma mulher forte, não letrada, mas que carregava em si uma "inteligência de vida", como afirma Conceição.

Perguntei à dona Zeta se ela se lembrava do primeiro incômodo que enfrentou, e ela me respondeu: "Foi quando eu tinha 7 ou 8 anos e ouvi: essas crianças não vão dar em nada. Que futuro elas terão?".

Dona Zeta fazia com que os filhos estudassem. Frequentavam uma escola pública e tinham de fazer com muito amor tudo o que tinha que ser feito. Conceição guarda na memória sua mãe fazendo faxina com amor, cuidando de cada coisa como se fosse a maior preciosidade do mundo. O A da nossa fórmula ALEE estava sempre presente. É impressionante observar, no caso da Conceição, como o amor se repete e nos fortalece mais ainda nas conclusões dos nossos estudos. Dona Zeta atuava com amor em tudo: na criação dos filhos, mesmo com todas as dificuldades, mantinha o olhar do designer, do artista, que ali está para lapidar, reunir e criar uma obra de arte.

Com essa força materna, gerando a coragem, a confiança, a cooperação, Conceição participou da iniciativa de uma empresa – à época, a Monsanto – e foi escolhida para um estágio, dando início à sua carreira. E para cada "isso é impossível", "esquece, não vai dar para você", era como se sinos reverberassem cada vez mais forte dentro dela. Para Conceição, uma crítica ao seu trabalho, ao contrário de a desestimular, a fazia trabalhar muito mais e responder com uma qualidade e intensidade que desmoronavam seus críticos.

A história de Conceição é um resultado sensacional de enfrentamentos com dignidade e altivez de tudo o que seriam os "incômodos". Por exemplo, no estágio, com 19 anos, diziam que ela jamais seria efetivada, pois não havia mulheres nas áreas comerciais de empresas do agronegócio naquela época. E, para desdizer tudo aquilo que tinha ouvido antes, Conceição foi trabalhar em vendas e conquistou a admiração de todos ao seu redor. Um diretor da companhia saiu para outra atividade e disse para Conceição: "Nós vamos voltar a trabalhar juntos". E assim foi.

Mas Conceição considera também a importância do que chamamos de "lei do acaso". Ela estava um dia no estacionamento da empresa. Carlos Pelicer, que já não trabalhava na companhia, tinha ido tratar de um assunto, e, por obra do destino, cruzaram-se ali ao acaso. De novo, ela ouviu: "Você vai trabalhar comigo". E, pouco tempo depois, houve a criação de uma empresa que veio mais tarde a ser adquirida pela UPL, e ali estava a Conceição.

Um livro relativamente antigo, *Quem mexeu no meu queijo*, de Spencer Johnson, traz para Conceição uma forte lembrança exatamente do poder do incômodo, de como ele é natural e como estarmos conscientes e preparados para essa aceitação e, ao mesmo tempo, para a motivação, para o movimento dessa luta, nos transforma e nos faz crescer.

A dona Zeta nunca reclamava do trabalho. Insistia na educação: "Pode não ter o que comer, mas você vai na escola", costumava dizer.

Da mesma forma, ela não fazia separação entre os filhos meninos e a menina. E dizia: "Você vai para a escola igual ao teu irmão".

Sem dúvida, na nossa vida, não podemos deixar de ter a humildade diante das forças do destino (não duvide dele), mas é proibido ter medo. Conceição reconhece isso. Segundo a Pedagogia da Superação, quem nos cria para os incômodos nos prepara.

Essa história, que vai de dona Zeta até a Conceição diretora de uma grande multinacional, explica a importância do ALEE.

Espero que você guarde consigo esta certeza: se algo me incomoda, genial, ali está o clique para minha superação.

Viver na Terra é não esperar nada pronto e compreender que tudo é carente de aperfeiçoamento. E amar é o sentido máximo de aperfeiçoar. Aperfeiçoar filhos, amigos, equipes, empresas, comunidades, bairros, países, nosso Brasil e o mundo. Ao fazermos isso, recebemos de volta os presentes dessas ações.

Dona Zeta, dona Rosa, seu Antonio e todas as donas Fulanas e seus Beltranos que criam guerreiros sabem que não nascemos prontos. Da mesma forma, a superação não nasce pronta.

Quem ama cria. Quem cria ama. Cuide de tudo.

E que venham os incômodos. Não duvide. Eles sempre virão. Estamos quentes.

> *Espero que você guarde consigo esta certeza: se algo me incomoda, genial, ali está o clique para minha superação.*

CONCLUSÃO

O dia em que ser um rosto igual na multidão me incomodou profundamente

> "SOMOS E SEMPRE SEREMOS AS PERCEPÇÕES DE NÓS MESMOS. POR ISSO, CUIDADO COM OS ESPELHOS ONDE NOS REFLETIMOS. PRESTE ATENÇÃO NA SUA MÁSCARA DE PLANTÃO."
>
> José Luiz Tejon

O que você diria se passasse toda a vida com um rosto muito diferente de todos os outros (no meu caso, em decorrência de uma queimadura facial)? Pense no aprendizado de vida que desenvolvi para superar, crescer, prosperar e jamais ligar nada da minha vida ao meu rosto deformado.

Muito bem. Aprendi a enfrentar olhares, desviar olhares. Você sabe que nos incomoda ser diferente. Quantas vezes, brincando com crianças que ainda não tinham aprendido a disfarçar sentimentos e impressões, eu percebia que elas me olhavam e me apontavam com o dedo, sendo repreendidas pelos adultos. Uma vida, desde os 4 anos, enfrentando o mundo com o incômodo de um rosto queimado. Portanto, aprendi a administrar meu rosto marcado, sabendo que precisava deixar de ser simplesmente uma vítima para ter uma personalidade e um caráter marcante.

Eis que, de repente, surge a covid-19. E o que vem junto? A disciplina de usar máscaras faciais. Depois de quatro meses de quarentena, saí para o aeroporto. De máscara. Todos de máscara. Senti algo muito estranho. Um incômodo que não sabia explicar. Check-in. Avião. Bagagem. Cruzar com outros passageiros. O táxi. Uma sensação estranha demais. Não era somente a pandemia. Não era a sensação de estranhamento de tudo estar diferente. Era alguma coisa comigo. Eu estava sentindo impactos nunca vividos na minha vida. Não compreendi. Voltei para casa. Duas semanas depois, outra viagem surgiu. E, de novo, fui ao encontro da multidão. Todos de máscara. Foi aí que tomei consciência do poderoso incômodo que me tomava: eu não era mais um diferente. Agora, de máscara, eu era só mais um igual na multidão. Cruzava com todo mundo e não havia mais olhares, não havia mais os códigos que aprendi a decodificar, dos assustados, dos bondosos, dos malévolos, dos indiferentes e dos apaixonados. Agora, eu havia me tornado simplesmente um rosto igual a todos na multidão.

Parei e morri de rir no saguão. Eu ria muito e passava por todas as pessoas como se fosse absolutamente mais um igual.

E aí, vocês me perguntariam: "Tejon, sentiu falta do seu rosto sendo olhado por todos?". Por um lado, tive uma sensação única de liberdade, de não estar mais nem aí com nada, com os cruzamentos de olhares, de não me preocupar mais com sensações, percepções e com o cuidado de conquistar alguém. E de não deixar pais constrangidos por seus filhos curiosos, que insistem em olhar fixamente alguém de rosto esquisito e queimado.

Sim. Sou livre. Curti esse início de deslumbramento. Mas, depois, senti falta de mim mesmo. Eu aprendi a ser o que sou com um rosto que não podia ser escondido. A máscara esconde. Por isso, olhei para dentro de mim e disse: "Caramba, o que significa um rosto normal dentro da multidão?". Uma libertação. E quantas pessoas, por nunca terem vivido desde a tenra infância uma diferença facial, jamais imaginariam a delícia de não serem diferentes na multidão?

Porém, fiquei imaginando tudo o que pude aprender relevando e revelando uma persona por trás das queimaduras. Então, de novo, agradeci aos meus mentores, aqueles que me ensinaram a buscar, no mais profundo do meu ser, a revelação das belezas que podem transcender todas as aparências.

Obrigado ao mundo pelo incômodo do rosto queimado. Não gostei de ser apenas mais um na multidão.

Eu jamais poderia imaginar essa experiência um dia se não fosse o incômodo da pandemia.

Quando era criança, adorava a ideia de sair na rua mascarado para não ver a reação dos que me viam. Depois que aprendi a crescer com a diferença, passei a não gostar das máscaras, pois perco o radar de mim mesmo refletido nos olhos dos demais seres humanos com quem cruzo nas multidões do viver.

CONCLUSÃO O DIA EM QUE SER UM ROSTO IGUAL NA MULTIDÃO ME INCOMODOU PROFUNDAMENTE

A conclusão dessa experiência fascinante, única e muito curiosa é, definitivamente, que só nós percebemos e nos entendemos com os divinos poderes dos incômodos. A isso, e a você, eu dedico este livro.

Use as insatisfações a seu favor e alcance uma vida de realizações.

José Luiz Tejon

Curti esse início de deslumbramento. Mas, depois, senti falta de mim mesmo. Eu aprendi a ser o que sou com um rosto que não podia ser escondido.

POSFÁCIO

Ao nos depararmos com forças destruidoras de grandes proporções, como a covid-19 na atualidade, temos uma clara tendência de ver e julgar as coisas pelo lado mais desfavorável, com a tomada de atitudes negativas. Há também, na vida cotidiana, independentemente da força avassaladora dos acontecimentos, pessoas que se deixam levar pelos dissabores do momento, sendo dominadas pela vitimização e pela resignação.

Calha, então, um pensamento, difundido em ambiente virtual, que tem tudo a ver com a essência desta magnífica obra de José Luiz Tejon: não são tempos ruins simplesmente, são tempos para sermos melhores. Como anotado em diversas passagens pelo autor, tudo existe para ser aperfeiçoado. Felicidade é aperfeiçoar as imperfeições.

A impactante lição de valores aqui apresentada nos convoca precisamente a aprender a aprender, e, assim, incomodados com as nossas imperfeições e com as imperfeições do mundo, que geram a infelicidade, podemos, com coragem e amor, buscar a transformação dessa realidade e a evolução própria, refletindo em outras vidas. E, realmente, nenhum ser humano conseguirá ser feliz assistindo passivamente à infelicidade do outro.

Como Tejon, devemos estar todos muito incomodados, querendo aperfeiçoar o mundo onde nós o tocamos. E o que é possível corrigir nas nossas trajetórias de vida para melhor captar os incômodos e fazer de cada um deles a razão de ser de uma arrancada voltada a nos conduzir ao sucesso da superação? Tejon, com maestria, nos inspira e nos mostra como as conquistas podem ser um fator comum para todos quando deixamos de ser indiferentes, acomodados.

E o que é mais importante: cada sucesso deve representar um novo incômodo, pois não podemos estancar. Uma conquista é mesmo o chamamento para novas conquistas.

Ingressei na Faculdade de Direito do Largo São Francisco em 1973 e, ao deixar os bancos acadêmicos, em 1977, tive a oportunidade de buscar a realização da Justiça como promotor, juiz, desembargador e secretário estadual da Justiça e Cidadania, atuando agora na advocacia privada.

A ideia de Justiça engloba valores inerentes ao ser humano, valores transcendentais como liberdade, igualdade, fraternidade, dignidade, moralidade, segurança, tudo enfim que chamamos de direito natural.

No dizer de Rui Barbosa, não há nada mais relevante para a vida social que a formação do sentido verdadeiro de Justiça.

E o maior incômodo para o operador do Direito é garantir que a Justiça seja apropriada por todos os seres humanos, independentemente de classe social, gênero ou raça.

Para tanto, o Direito deve criar uma concordância entre o caso concreto e a Justiça, acompanhando sempre as transformações sociais. Não pode haver descompasso entre o social e o jurídico.

Nesse contexto, para a evolução do Direito, para se alcançar a melhor interpretação da lei, o poder do incômodo faz toda a diferença.

O ministro do Superior Tribunal de Justiça e eminente jurista Antônio Herman Benjamin pontua: "O intérprete não pode sentir a lei sem que, ao mesmo tempo, sinta o mundo que o cerca... Por conseguinte, compete ao intérprete a árdua tarefa de proceder à intelecção da lei em sintonia com as exigências atuais do espírito do povo, mesmo que ao fazê-lo tenha que abandonar princípios e conceitos arraigados".[51]

E realmente não pode faltar coragem e foco na busca do aperfeiçoamento das leis e da sua correta aplicação, de modo a se alcançar uma sociedade mais justa.

A Lei Maria da Penha, como ficou conhecida a Lei n. 11.340/2006, recebeu esse nome em homenagem à cearense Maria da Penha Maia;

---

[51] OLIVEIRA, Juarez de. (Coord.).**Comentários ao Código de Proteção ao Consumidor**. São Paulo: Saraiva, 1991. p. 23.

foi a história dessa Maria que levou os incomodados (legisladores e juristas) a aprimorar a legislação voltada a maior proteção das mulheres vítimas de violência. O incômodo com a necessidade de se estabelecer normas especiais para a proteção dos consumidores ensejou um movimento exitoso para a edição da Lei n. 8.078/90, surgindo então o chamado Código de Defesa do Consumidor. Uma campanha que coordenei na Presidência do Tribunal de Justiça, contra o abuso sexual no transporte público, mobilizou a sociedade e o Parlamento, resultando na Lei n. 13.178/2018, que passou a tratar com o rigor necessário a importunação ofensiva ao pudor, de modo a atender a demanda da população de combate mais efetivo ao assédio praticado contra as mulheres.

São apenas alguns exemplos do decantado poder do incômodo atuando sobre a realidade social, transformando o Direito.

Num processo de labor, amor, ética e estética, precisamos mesmo buscar o aperfeiçoamento na Terra em todas as suas circunstâncias, voltado ao horizonte ascensional da vida.

Então, em qualquer situação, "está incomodado, aperfeiçoe".

Essa lição, essência deste livro transformador, representa uma autêntica vacina contra o conformismo, devendo ser disseminada mesmo junto a crianças e jovens, que devem conhecer a alegria profunda da jornada em que os incomodados aperfeiçoam a vida ao seu redor e incomodam os acomodados.

A leitura me levou a refletir sobre a indicação de que é preciso a todo tempo pensar, repensar e buscar novos caminhos para evoluir, conscientes de que jamais seremos perfeitos.

Recebi recentemente mensagens dando conta de que a vida é assim: "esquenta e esfria, aperta e daí afrouxa, sossega e depois desinquieta", como escreveu Guimarães Rosa em *Grande sertão: veredas*. "Mas não podemos jamais deixar de procurar o guerreiro que existe dentro de nós. Devemos receber suas ordens nas batalhas da vida e obedecer." Concluiu, então, o pensador desconhecido: "Ele é tu mesmo, mas é mais sábio e forte do que tu".

É nesse contexto que me vi sacudido pelas lições apreendidas, recebendo um novo clique aos 65 anos: a palavra-chave é movimento constante, que não representa apenas atividade física, mas movimento do espírito e da alma. Seguindo a feliz advertência dos sábios, mova-se para encontrar inspiração, para criar, para fazer cada dia valer a pena.

Um registro final: não há como não se emocionar com o exemplo de superação do querido Tejon. Tive a felicidade e o privilégio de contar com as palestras do nosso laureado conferencista no Tribunal de Justiça de São Paulo, na Secretaria Estadual da Justiça e na Fundação Casa, a qual presidi por vinte e dois meses. Derramei muitas lágrimas diante das referências aos seus pais adotivos, seres humanos admiráveis, e a tantas outras construções humanas da vida de um grande guerreiro. Daí ser ele aplaudido de pé por todos os presentes nas três ocasiões.

E com forte emoção e a marcante ideia de aprendizado, curti cada capítulo do livro, chegando ao ápice dessa emoção na conclusão: realmente, a superação só vale se você acrescentar valor ao poder dela; e a gratidão é um valor de significado especial.

Veio-me mais um clique no coração, disparado pelo agradecimento de Tejon aos seus mentores, "aqueles que me ensinaram a buscar, no mais profundo do meu ser, a revelação das belezas que podem transcender todas as aparências".

Obrigado, TEJON.

Viva o incômodo. Viva a diferença.

Dr. Paulo Dimas Mascaretti, desembargador aposentado e ex-presidente do Tribunal de Justiça

REFERÊNCIAS BIBLIOGRÁFICAS

CARRÈRE, Emmanuel. **O reino**. Rio de Janeiro: Alfaguara, 2016.
DA EMPOLI, Giuliano. **Os engenheiros do caos**. São Paulo: Vestígio, 2019.
HIDALGO, César. **Why Informations Grows**. New York: Basic Books, 2015.
PRATA, Henrique. **Acima de tudo o amor**. São Paulo: Gente, 2012.
SWEENEY, Patrick; GREENBERG, Herb. **Succeed on Your Own Terms**. New York: McGraw-Hill Education, 2006.
TEJON MEGIDO, José Luiz. **A grande virada:** 50 regras de ouro para dar a volta por cima. São Paulo: Gente, 2008.
_____. **Guerreiros não nascem prontos**. São Paulo: Gente, 2016.
_____. **O beijo na realidade**. São Paulo: Gente, 2016.
_____. **O código da superação**. São Paulo: Gente, 2012.
_____. **O voo do cisne**. São Paulo: Gente, 2002.
_____. **Por uma Pedagogia da Superação, estudo de casos na construção de uma proposta educacional voltada para o enfrentamento das dificuldades e desafios da vida**. São Paulo: Perse, 2018. Disponível em: http://www.perse.com.br/livro.aspx?filesFolder=N1579117149626.

JOSÉ LUIZ TEJON MEGIDO é o resultado de profundos e verdadeiros incômodos. É filho adotivo e, logo aos 4 anos, teve o rosto deformado por uma grave queimadura. Essa transformação o fez passar cerca de doze anos semi-internado em hospitais, enfrentando a realidade da vida com os amigos de sua rua, nas escolas públicas e ouvindo constantemente a voz do seu pai adotivo, que dizia: "Filho, não tenhas vergonha da tua cara, tenhas vergonha na cara". Permeado por uma infância difícil, outro ensinamento poderoso que recebeu foi de sua mãe adotiva que, ao levá-lo à feira livre e ver que se dispersava com facilidade, dizia sempre que era preciso prestar atenção nas batatas. Com esse ensinamento, Tejon aprendeu que precisava estar focado no que era necessário para cada momento.

Tejon é doutor em Ciências da Educação pela Universidad de la Empresa (UDE), no Uruguai, mestre pela Universidade Mackenzie e possui especializações em Harvard, MIT e Insead, sendo atualmente professor de MBA na Audencia, em Nantes, na França, e coordenador do Agribusiness Center da Fundação Escola de Comércio Álvares Penteado (FECAP), em São Paulo. É também sócio-diretor da biomarketing da TCA Internacional e foi diretor dos grupos *O Estado de S. Paulo*, Agroceres e Jacto S/A. Atuou ainda como comentarista da rádio Jovem Pan. É colunista no *Estadão*, Rádio Eldorado, no grupo *A Tarde* (Bahia), *MundoCoop*, *Feed&Food*, *Jornal do Agro* e do canal Band Terra Viva. Foi eleito palestrante Top of Mind do país pelo Prêmio Estadão RH, Great Key Speaker pelo Troféu Olmix, em Paris, Top de Marketing pela ADVB e um dos oito principais influenciadores do cooperativismo no Brasil pelo Prêmio Somos Coop.

Suas palestras chegam a ouvintes de diversos países e possui 34 livros publicados (autoria e coautoria), incluindo os best-sellers *O voo do cisne*, *O beijo na realidade*, *A grande virada*, *Liderança para fazer acontecer*, *O código da superação* e *Guerreiros não nascem prontos*, todos publicados pela Editora Gente.

Tejon possui três filhas, um filho, um neto e uma neta – sua terceira neta chega junto com este livro –, e também é músico e compositor, com a música "Caminhos" sendo lançada em 2021 com a Tamara Angel. Para ele, seu currículo extenso é resultado da educação e do aprendizado de berço sobre não esperar pela perfeição pronta, e sim buscar sempre aperfeiçoar o imperfeito, fazendo dos incômodos as alavancas da vontade de viver.

Saiba mais sobre o autor em www.tejon.com.br.
Se preferir, escreva para: tejon@tejon.com.br.

Ele responde pessoalmente a todos.